## ***ACCESO GRATIS*** ***a la Lectura en la Nube***

Para visualizar el libro electrónico en la nube de lectura envíe junto a su nombre y apellidos una fotografía del código de barras situado en la contraportada del libro y otra del ticket de compra a la dirección:

**ebooktirant@tirant.com**

En un máximo de 72 horas laborales le enviaremos el código de acceso con sus instrucciones.

# Compendio de Legislación Municipal de Chile

Rentas municipales

# Compendio de Legislación Municipal de Chile

## Rentas municipales

Incluye índices temático y analítico

**Equipo de redacción Editorial Tirant lo Blanch**

**tirant lo blanch**
Valencia, 2024

EDITA: TIRANT LO BLANCH
C/ Artes Gráficas, 14 - 46010 - Valencia
Telfs.: 96/361 00 48 - 50
Fax: 96/369 41 51
Email: tlb@tirant.com
www.tirant.com
Librería virtual: https://editorial.tirant.com/cl
ISBN: 978-84-1169-837-5

Si tiene alguna queja o sugerencia, envíenos un mail a: *atencioncliente@tirant.com*. En caso de no ser atendida su sugerencia, por favor, lea en *www.tirant.net/index.php/empresa/politicas-de-empresa* nuestro procedimiento de quejas.

Responsabilidad Social Corporativa: http://www.tirant.net/Docs/RSCTirant.pdf

# Índice temático

# DECRETO 2385 | FIJA TEXTO REFUNDIDO Y SISTEMATIZADO DEL DECRETO LEY NÚM. 3.063, DE 1979, SOBRE RENTAS MUNICIPALES

MINISTERIO DEL INTERIOR

Fecha Publicación: 20-NOV-1996 | Fecha Promulgación: 30-MAY-1996

Tipo Versión: Última Versión De: 01-MAY-2022

Inicio Vigencia: 01-MAY-2022

Fin Vigencia: 18-ABR-2024

Última Modificación: 12-ABR-2022 Ley 21440

Url Corta: https://bcn.cl/30226

**TIENE TEXTO DIFERIDO**

Con Vigencia Diferida por Evento: Las modificaciones introducidas a la presente norma por el Título VI de la Ley 21.040 entrarán en vigencia desde la fecha de traspaso del servicio educacional al Servicio Local respectivo.
Con Vigencia Diferida por Fecha: 19-ABR-2024

Santiago, 30 de mayo de 1996.- Hoy se decretó lo que sigue:

Núm. 2.385.- Visto: Lo dispuesto en el artículo 32 N° 8 de la Constitución Política de la República y la facultad que me ha conferido la disposición segunda transitoria de la Ley N° 19.388, de 30 de mayo de 1995,

D e c r e t o:

El texto refundido y sistematizado del Decreto Ley N° 3.063, de 1979, sobre Rentas Municipales, será el siguiente:

## TÍTULO I

**Artículo 1°.-** Los ingresos o rentas municipales se regulan por las disposiciones de la presente ley, de la Ley Orgánica Constitucional de Municipalidades y las contenidas en leyes especiales.

**Artículo 2°.-** Los ingresos o rentas municipales serán percibidos por la unidad encargada de la administración y finanzas de cada municipalidad, según lo dispuesto en la Ley Orgánica Constitucional de Municipalidades.

No obstante, las municipalidades podrán celebrar convenios con el Banco del Estado de Chile y con los bancos comerciales, para que éstos reciban dentro de los plazos legales el pago de los ingresos o rentas municipales y los recargos de beneficio fiscal que puedan existir sobre ellos.

Los pagos deberán comprender la totalidad de las cantidades incluidas en los respectivos boletines, giros u órdenes. Si el ingreso o renta debe legalmente enterarse por cuotas, el pago abarcará la totalidad de la cuota correspondiente.

El pago así efectuado, extinguirá la obligación pertinente hasta el monto de la cantidad enterada, pero el recibo de ésta no acreditará, por sí solo, que se está al día en el cumplimiento de la obligación respectiva.

Para los efectos del presente artículo, las municipalidades podrán percibir, mediante medios electrónicos, directamente o mediante convenios celebrados con terceros, el pago de los ingresos o rentas municipales que les corresponda cobrar por sí mismas.

LEY 20033
Art. 4º Nº 1
D.O. 01.07.2005

La **Ley 21554, Art. 2 Nº 1, D.O. 18.04.2023** modificó este **Artículo 2 bis** en esta ubicación, que entrará en vigor el **19-ABR-2024**

## TÍTULO II
## Del producto de los bienes municipales

**Artículo 3º.-** Son rentas de los bienes municipales:

1.- Las rentas de arrendamiento o concesiones de los bienes muebles e inmuebles de propiedad municipal, y

2.- Los productos de la venta o remate de los bienes muebles de propiedad municipal.

**Artículo 4º.-** Las municipalidades no podrán enajenar las termas medicinales de su dominio, sin perjuicio de su facultad de entregarlas en concesión.

## TÍTULO III
## Del producto de los establecimientos y explotaciones municipales

**Artículo 5º.-** Son rentas de los establecimientos y explotaciones municipales, las que producen las empresas y los servicios públicos municipales.

**Artículo 6º.-** El servicio municipal de extracción de residuos sólidos domiciliarios se cobrará a todos los usuarios de la comuna, pudiendo este cobro ser diferenciado, utilizando al efecto diversos criterios, tales como programas ambientales, que incluyan, entre otros, el reciclaje; la frecuencia o los volúmenes de extracción; o las condiciones de accesibilidad. Los criterios utilizados para la determinación del cobro de estos servicios deberán ser de carácter general y objetivo, y establecerse por cada municipalidad a través de ordenanzas locales.

Para efectos de esta ley, se considerarán residuos sólidos domiciliarios a las basuras de carácter doméstico generadas en viviendas y en toda otra fuente cuyos residuos presenten composiciones similares a los de las viviendas.

LEY 20280
Art. 2º Nº 1
D.O. 04.07.2008

**La Ley 21554, Art. 2 Nº 2, D.O. 18.04.2023** modificó este Artículo, lo que entrará en vigencia el **19-ABR-2024**

**Artículo 7º.-** Las municipalidades cobrarán una tarifa anual por el servicio de aseo. Dicha tarifa, que podrá ser diferenciada según los criterios señalados en el artículo anterior, se cobrará por cada vivienda o unidad habitacional, local, oficina, kiosco o sitio eriazo. Cada municipalidad fijará la tarifa del servicio señalado sobre la base de un cálculo que considere exclusivamente tanto los costos fijos como los costos variables de aquél.

LEY 20280
Art. 2º Nº 2
D.O. 04.07.2008

Las condiciones generales mediante las cuales se fije la tarifa indicada, el monto de la misma, el número de cuotas en que se divida dicho costo, así como las respectivas fechas de vencimiento y los demás aspectos relativos al establecimiento de la tarifa, se consignarán en las ordenanzas locales correspondientes, cuya aprobación requerirá el acuerdo de la mayoría absoluta de los concejales en ejercicio.

Las municipalidades podrán, a su cargo, rebajar una proporción de la tarifa o eximir del pago de la totalidad de ella, sea individualmente o por unidades territoriales, a los usuarios que, en atención a sus condiciones socioeconómicas, lo ameriten, basándose para ello en el o los indicadores establecidos en las ordenanzas locales a que se refiere el inciso anterior. En todo caso, el alcalde, con acuerdo del concejo, deberá fijar una política comunal para la aplicación de las rebajas determinadas en virtud del presente inciso, la que, junto a las tarifas que así se definan, serán de carácter público, según lo dispongan las referidas ordenanzas.

Con todo, quedarán exentos automáticamente de dicho pago aquellos usuarios cuya vivienda o unidad habitacional a la que se otorga el servicio tenga un avalúo fiscal igual o inferior a 225 unidades tributarias mensuales.

El monto real de la tarifa de aseo se calculará en unidades tributarias mensuales al 31 de octubre del año anterior a su entrada en vigencia y regirá por un período de tres años. Sin embargo, podrá ser recalculada, conforme a las variaciones objetivas en los ítem de costos, y según se establezca en las ordenanzas a que se refiere el inciso segundo, antes de finalizar dicho plazo, pero no más de una vez en el lapso de doce meses.

**Artículo 8º.-** Las tarifas a que se refiere el artículo anterior, corresponden a las extracciones usuales y ordinarias de residuos sólidos domiciliarios. Se entiende por extracción usual u ordinaria, la que no sobrepasa un volumen de sesenta litros de residuos sólidos domiciliarios de promedio diario.

LEY 19704
Art. 2º Nº 3
D.O. 28.12.2000

Para los servicios en que la extracción de residuos sólidos domiciliarios exceda el volumen señalado en el inciso anterior y para otras clases de extracciones de residuos que no se encuentren comprendidas en la definición señalada en el artículo 6º, las municipalidades fijarán el monto especial de los derechos por cobrar, cuando sean éstas quienes provean el servicio. La vigencia de estas tarifas se sujetará también al plazo y condiciones señalados en el inciso final del artículo anterior.

En todo caso, las personas naturales o jurídicas que se encuentren en la situación prevista en el inciso anterior, podrán optar por ejecutar por sí mismas o por contratar con terceros los servicios de extracción y transporte de sus residuos sólidos, en conformidad con las reglamentaciones sanitarias y ambientales, y las ordenanzas municipales. En éstas deberá incluirse la obligatoriedad de presentar a la municipalidad respectiva una declaración, en caso de efectuarlos por sí mismas o un contrato, autorizada ante notario, para la disposición final de los residuos.

**Artículo 9º.-** Las municipalidades estarán facultadas para cobrar directamente o contratar con terceros el cobro del derecho de aseo a todos los usuarios de este servicio, y que no se encuentren exentos de este derecho, en conformidad al artículo 7º, inciso primero de esta ley. En caso de contratar con terceros, dicha contratación deberá efectuarse mediante licitación pública.

La municipalidad podrá efectuar directamente el cobro del derecho de aseo a los predios exentos del pago de impuesto territorial o contratar el servicio con terceros. Asimismo, podrá suscribir un convenio con el Servicio de Impuestos Internos y con el Servicio de Tesorerías para efectos de la emisión y despacho de las boletas de cobro. El derecho de aseo será pagado por el dueño o por el ocupante de la propiedad, ya sea usufructuario, arrendatario o mero tenedor, sin perjuicio de la responsabilidad que afecte al propietario. No obstante, los usufructuarios, arrendatarios y, en general, los que ocupen la propiedad en virtud de un acto o contrato que no importe transferencia, no estarán obligados a pagar el derecho de aseo devengado con anterioridad al acto o contrato; efectuado el pago por el arrendatario, éste quedará autorizado para deducir la suma respectiva de los cánones de arrendamiento.

LEY 20033
Art. 4º Nº 3
D.O. 01.07.2005

La municipalidad cobrará directamente la tarifa de aseo que corresponda a los propietarios de los establecimientos y negocios en general, gravados con patentes a que se refiere el artículo 23, en conformidad a lo establecido en el artículo 8º, incisos primero y segundo, la que deberá enterarse conjuntamente con la respectiva patente.

LEY 19704
Art. 2º Nº 4 a)
D.O. 28.12.2000

Respecto de un mismo usuario, la municipalidad deberá optar, para efectuar el cobro del derecho de aseo, sólo por uno de los conceptos autorizados por esta ley.

Las municipalidades estarán obligadas a certificar, a petición de cualquier persona que lo solicite, el monto del derecho de aseo que corresponda a una propiedad determinada y la existencia de deudas en el pago de ese derecho.

En todo caso, habiéndose determinado a los usuarios del servicio afectos al pago de la tarifa de aseo, las autoridades municipales velarán por el cumplimiento diligente de su cobranza.

LEY 19704
Art. 2º Nº 4 b)
D.O. 28.12.2000

**Artículo 10.-** Las municipalidades que tengan a su cargo la explotación del servicio de agua potable, se ajustarán en todo a las disposiciones que, sobre el particular, rijan para la explotación de dicho servicio.

Las empresas de agua potable de que las municipalidades sean propietarias o tengan participación, se administrarán autónomamente y se sujetarán al régimen legal general aplicable a las empresas privadas del ramo.

**Artículo 11.-** Las municipalidades fijarán la cuantía de los derechos que corresponda cobrar por la prestación de servicios a que se refiere el artículo 5º.- de esta ley, siempre que no se encuentre determinada expresamente en normas especiales, y sin perjuicio de lo dispuesto en los artículos 41.- y 42.-.

Las normas sobre procedimiento de aprobación y publicidad establecidas en el artículo 42.- serán igualmente aplicables respecto de la fijación de los derechos a que se alude en el presente artículo.

## TÍTULO IV
## De los impuestos municipales

**Artículo 12.-** Los vehículos que transitan por las calles, caminos y vías públicas en general, estarán gravados con un impuesto anual por permiso de circulación, a beneficio exclusivo de la municipalidad respectiva, conforme a las siguientes tasas:

a) A los automóviles particulares, automóviles de alquiler de lujo, automóviles de turismo o de servicios especiales, station wagons, furgones, ambulancias, carrozas fúnebres - automóviles, camionetas, triciclos motorizados de carga y motocicletas se les aplicará la siguiente escala progresiva y acumulativa sobre su precio corriente en plaza:

Ley 21088
Art. 2 Nº 2
D.O. 10.05.2018

Sobre la parte del precio que no exceda de sesenta |unidades tributarias mensuales, 1%;

Sobre la parte del precio que exceda la cantidad anterior y no sobrepase de ciento veinte unidades tributarias mensuales, 2%;

Sobre la parte del precio que exceda la cantidad anterior y no sobrepase de doscientas cincuenta unidades tributarias mensuales, 3%;

Sobre la parte del precio que exceda la cantidad anterior y no sobrepase de cuatrocientas unidades tributarias mensuales, 4%, y

Sobre la parte del precio que exceda de cuatrocientas unidades tributarias mensuales, 4,5%.

El impuesto no podrá ser, en caso alguno, inferior a media unidad tributaria mensual. Para los fines de este artículo se entenderá como "precio corriente en plaza" de los respectivos vehículos el que determine anualmente el Servicio de Impuestos Internos, dentro de la primera quincena del mes de enero de cada año, |mediante una lista de las distintas marcas y modelos de vehículos motorizados usados, clasificados de acuerdo al año de fabricación y con indicación, en cada caso, del precio corriente en plaza vigente a esa fecha, la que será publicada en el Diario Oficial u otro diario de circulación nacional que determine el Servicio de Impuestos Internos, dentro del mes de enero respectivo. Los valores consignados en esta nómina corresponderán a vehículos en buen estado de conservación y uso, tomando en consideración su año de fabricación.

LEY 19600
Art. único
D.O. 31.12.1998

Para la aplicación del impuesto, la referida determinación de precios corrientes en plaza regirá sin alteraciones durante el período de un año, contado desde el día 1 de febrero, debiendo las municipalidades utilizar la información proporcionada por el Servicio de Impuestos Internos.

En los casos en que un vehículo motorizado no estuviese indicado en la nómina, se considerará que su precio corriente en plaza vigente es aquel establecido en dicha lista para el vehículo que reúna similares características, tales como marca, modelo, año de fabricación, capacidad de carga o de pasajeros u otras.

b) A cada tipo de vehículos, que enseguida se indica, se aplicará el impuesto por permiso de circulación cuyo monto expresado en unidades o fracciones de unidades tributarias mensuales, se señala en cada caso:

1.- Automóviles de alquiler, de servicio individual o colectivo, con o sin taxímetro, una unidad.

2.- Vehículos de movilización colectiva de pasajeros, no comprendidos en los dos números anteriores, una unidad.

3.- Camiones:

a) de 1.750 a 5.000 kilogramos de capacidad de carga, una unidad;

b) de más de 5.000 y hasta 10.000 kilogramos, dos unidades, y

c) de más de 10.000 kilogramos, tres unidades.

4.- Tractocamiones:

a) de 1.750 a 5.000 kilogramos de capacidad de arrastre de carga, media unidad;

b) de más de 5.000 y hasta 10.000 kilogramos, una unidad, y

c) de más de 10.000 kilogramos, una y media unidad.

A los semirremolques se les aplicará esta misma tabla de capacidad de carga y de monto de impuesto.

5.- Carros y remolques para acoplar a vehículos motorizados, hasta 1.750 kilogramos de capacidad de carga, media unidad.

A los de capacidad superior se les aplicará la tabla del N° 3.

6.- Tractores agrícolas o industriales y máquinas automotrices como sembradoras, cosechadoras, bulldozer, palas mecánicas, palas cargadoras, aplanadoras, grúas, motoniveladoras, retroexcavadoras, traíllas y otras similares, media unidad. Este impuesto sólo se aplicará cuando estos vehículos transiten por caminos, calles y vías públicas en general. Para la renovación de su permiso de circulación no será aplicable la primera parte del inciso primero del artículo 16.-.

7.- Motonetas, bicimotos, triciclos motorizados de carga cuya velocidad máxima no supere los 30 kilómetros por hora y bicicletas con motor, un quinto de unidad.

Ley 21088
Art. 2 N° 2
D.O. 10.05.2018

La actividad de transporte terrestre de pasajeros y carga por carretera estará exenta de la contribución de patente municipal a que se refiere el artículo 23.-, con excepción de las empresas dedicadas a esta actividad y cuya renta líquida imponible, determinada para los efectos de la Primera Categoría de la Ley sobre Impuesto a la Renta, supere las 10 unidades tributarias anuales correspondientes al mes de diciembre del año anterior al pago de la patente.

Los vehículos de tracción humana y animal estarán exentos del derecho por permiso de circulación. Sin embargo, los propietarios de carros de mano y vehículos de tracción animal deberán empadronarlos en las municipalidades que correspondan a su domicilio, las que os proveerán de una placa permanente de identificación.

Los carros y remolques para acoplar a un vehículo motorizado deberán empadronarse en la municipalidad que corresponda al domicilio de su propietario, la que los proveerá de una placa permanente que los identifique.

Para los efectos de la aplicación de la tabla de la letra a) y de los valores establecidos en la letra b) de este artículo, se considerará la unidad tributaria vigente en el mes anteprecedente al de vencimiento del período respectivo de pago establecido en el artículo 15.- o al de pago tratándose de vehículos que obtengan por primera vez permiso de circulación, y del caso contemplado en el artículo 22.-.

El impuesto por permiso de circulación que se determine al momento de concederlo a un vehículo, no experimentará variación alguna por causas sobrevinientes que afecten a éste.

El monto del impuesto que se determine conforme a este artículo, comprende absolutamente todos los servicios anexos que prestan las municipalidades, desde la revisión del estado mecánico hasta la emisión del padrón y distintivo de la placa en el vehículo respectivo, incluyéndose el precio de dicho distintivo; y, por tanto, en la liquidación y giro de los permisos de circulación no se considerará valor alguno que incremente el del impuesto que resulte de aplicar la escala y tasas de las letras a) y b) de este precepto.

Las empresas importadoras, distribuidoras y comercializadoras de vehículos motorizados estarán obligadas a proporcionar, a requerimiento del Servicio de Impuestos Internos y en la forma y plazo que su Director establezca, la información necesaria para la determinación de los avalúos de los vehículos que debe realizar dicho Servicio.

LEY 20033
Art. 4° N° 4
D.O. 01.07.2004

**Artículo 13.-** Los vehículos a que se refiere la letra a) del artículo 12.-, que ingresen al país con liberación aduanera total o parcial y que están sujetos a una prohibición de enajenar o ceder su uso o goce, a cualquier título, pagarán el impuesto municipal mientras dure dicha prohibición, sobre el cincuenta por ciento del precio corriente en plaza que se fije para los vehículos de la misma marca, tipo, modelo, año y origen en la lista de precios que señala el artículo 12.-.

Esta franquicia se aplicará también a los vehículos mencionados en el inciso anterior que pertenezcan a personas domiciliadas en la Región de Tarapacá, en las Provincias de Chiloé y Palena, de la Región de Los Lagos, en la Región de Aysén del General Carlos Ibáñez del Campo y en la Región de Magallanes y de la Antártica Chilena, y que estén destinados a su uso en aquellas zonas.

En el caso de las personas que importen vehículos en virtud del artículo 6°.- de la Ley N° 17.238, de 22 de noviembre de 1969, y su reglamento, contenido en el Decreto de Hacienda N° 1.950, de 11 de septiembre de 1970, el impuesto por permiso de circulación se determinará sobre el veinticinco por ciento del precio corriente en plaza del vehículo.

Asimismo, la franquicia del inciso primero, se aplicará a los vehículos allí indicados, ingresados al país con liberación aduanera total o parcial por personal dependiente del Ministerio de Relaciones Exteriores que cese en sus funciones en el extranjero, mientras el interesado mantenga la propiedad y uso exclusivo del vehículo.

**Artículo 14.-** Los vehículos nuevos no podrán salir a circulación sin el pago previo del impuesto municipal. No obstante, la unidad municipal encargada del tránsito y transporte públicos que corresponda podrá otorgar permisos especiales en los siguientes casos:

a) De conformidad a lo previsto en el Nº 3.- del artículo 48.- de la Ley Nº 18.290;

b) Para el efecto de cumplir con la inscripción en el Registro de Vehículos Motorizados, por un plazo máximo de diez días, y debiendo enterarse la suma equivalente al impuesto que corresponda, y

c) Para el tránsito de vehículos que, careciendo de permiso de circulación por no estar en actividad, deban ser trasladados de un punto a otro, para el solo efecto de repararlos, o con otro objeto semejante. El valor diario de estos permisos será el equivalente de un vigésimo de unidad tributaria mensual y ellos no podrán otorgarse por más de tres días en cada mes para un mismo vehículo.

**Artículo 15.-** La renovación de los permisos de circulación y su distintivo se efectuará en los siguientes períodos del año respectivo, considerando la clasificación contenida en el artículo 12.-:

1.- Vehículos de la letra a) y Nº 5 de la letra b), de carga máxima de mil setecientos cincuenta kilos, hasta el 31 de marzo;

2.- Vehículos de la letra b), Nºs. 1 y 2 dentro del mes de mayo, y 3.- Vehículos de la letra b), Nºs. 3, 4 y 5, de carga superior a mil setecientos cincuenta kilos, y Nºs. 6 y 7, dentro del mes de septiembre.

El pago del impuesto por permiso de circulación podrá efectuarse en dos cuotas iguales, la primera, dentro del plazo ordinario de renovación, y la segunda, en los siguientes períodos:

a) Vehículos comprendidos en el número 1.- de este artículo, dentro del mes de agosto. Su monto se ajustará según la variación que experimente el Indice de Precios al Consumidor entre los meses de febrero y junio, ambos inclusive, del año respectivo;

b) Vehículos comprendidos en el número 2.- de este artículo, dentro del mes de junio. Su monto se ajustará según la variación que experimente el Indice de Precios al Consumidor en el mes de abril del año respectivo, y

c) Vehículos comprendidos en el número 3.- de este artículo, dentro del mes de octubre. Su monto se ajustará según la variación que experimente el Indice de Precios al Consumidor en el mes de agosto del año respectivo.

Deberá dejarse constancia en el permiso de circulación, del hecho de efectuarse en cuotas el pago del impuesto respectivo.

La obligación de pagar la segunda cuota pesará sobre los respectivos vehículos mientras no sean retirados de la circulación, lo que deberá ser comunicado por escrito a la unidad municipal encargada del tránsito y transporte públicos que otorgó el permiso, antes de que venza el plazo para la próxima renovación anual del mismo. Sólo en virtud del expresado aviso quedará el vehículo de que se trate, exceptuado de la obligación impuesta en el inciso anteprecedente.

**Artículo 16.-** No podrá renovarse el permiso de circulación de un vehículo mientras no se acredite el pago total del impuesto del año anterior, salvo que el interesado acredite que en ese período el vehículo estuvo acogido a la norma del inciso final del artículo anterior.

Tampoco será exigible el pago del impuesto respecto de cualquier tipo de vehículos, si en uno o más años completos ha estado fuera de circulación y ello se acredita mediante declaración jurada simple que deberá entregarse a la municipalidad respectiva, a más tardar el 30 de noviembre del año a que corresponda pagar el impuesto.

**Artículo 17.-** Los vehículos a que se refiere la letra a) del artículo 12.- que fueren omitidos en la lista de precios que menciona ese precepto, deberán asimilarse para los fines de determinar su valor a aquellos vehículos que lo tengan fijado en dicha lista y que reúnan similares características en cuanto a su origen, tipo, años de antigüedad, capacidad y especificaciones técnicas y ello será de competencia de la unidad municipal encargada del tránsito y transporte públicos respectiva.

Los vehículos nuevos pagarán el impuesto por permiso de circulación, en todo caso considerando su precio de facturación. Se entenderá por vehículo nuevo el vendido sin uso por primera vez a un usuario, en el año de obtención del respectivo permiso, aunque corresponda a la producción de años anteriores.

Cuando no pudiese efectuarse la asimilación referida en el inciso primero o cuando, en el caso del inciso segundo, la facturación del vehículo no se ajustare a las condiciones normales de venta en el mercado, la unidad municipal encargada del tránsito y transporte públicos respectiva deberá solicitar a la unidad del Servicio de Impuestos Internos de su comuna que tase el precio corriente en plaza para los efectos del impuesto que corresponda pagar.

**Artículo 18.-** Los vehículos que por primera vez obtengan permiso de circulación pagarán el impuesto proporcional por cada uno de los meses que falten para completar el año calendario, incluyendo el mes a que corresponde la respectiva factura emitida en el país, o la fecha del respectivo instrumento que acredite su internación al territorio nacional, según el caso.

**Artículo 19.-** La patente extranjera da derecho para transitar en el país sólo hasta por tres meses.

Transcurrido ese tiempo, deberá pagarse el impuesto por permiso de circulación correspondiente, en conformidad al artículo 12.-.

La municipalidad respectiva no otorgará el permiso de circulación sin previa presentación por el interesado de un testimonio o certificado de la Aduana por la que se internó el vehículo, acreditando el pago o la exención de los derechos correspondientes y la fecha de internación.

**Artículo 20.-** No requerirán permiso de circulación, sólo los siguientes vehículos:

1.- Los pertenecientes a las Fuerzas Armadas y de Orden, siempre que sean para uso exclusivo militar o policial.

2.- Los pertenecientes a los Cuerpos de Bomberos o sus Compañías, y

3.- Los de propiedad o de uso bajo el sistema de arrendamiento con opción de compra de las misiones diplomáticas y consulares extranjeras acreditadas en el país, de organismos internacionales a los que Chile haya adherido, o de los respectivos agentes diplomáticos, consulares o funcionarios internacionales, siempre que todas estas personas sean de nacionalidad extranjera.

LEY 20033
Art. 4º Nº 5
D.O. 01.07.2005

La exención que acuerda el Nº 3 será reconocida por el Ministerio de Relaciones Exteriores, a título de reciprocidad, o en virtud de convenios internacionales que contemplen explícita o implícitamente franquicias de la naturaleza señalada. Verificada la existencia de tales circunstancias, el propio Ministerio otorgará a los vehículos favorecidos el respectivo distintivo o placa, según lo disponga el reglamento aprobado por decreto supremo de esa Secretaría de Estado.

Esta franquicia caducará automáticamente al momento de enajenarse el vehículo, oportunidad en que deberá retirarse de éste el distintivo o placa especial respectiva. Si después de transferido un vehículo, a persona o entidad que no tenga derecho a esa franquicia, se le sorprendiere transitando con ese distintivo o placa especial, al nuevo dueño se le impondrá una multa igual al cien por ciento de la contribución que corresponde enterar por el período anual completo, sin perjuicio del pago del monto del impuesto por permiso de circulación, valores ambos que se girarán simultáneamente, por la unidad municipal encargada del tránsito y transporte públicos de la comuna en que se denuncie la infracción, previa la remisión de los antecedentes del caso por el juzgado de policía local competente, el que ordenará la retención del vehículo hasta que se acrediten los pagos referidos.

**Artículo 21.-** Las municipalidades llevarán un registro de permisos de circulación, el que será reglamentado por decreto del Ministerio del Interior.

Los impuestos por permisos de circulación se pagarán por el dueño de los vehículos en la municipalidad de su elección previo cambio, cuando proceda, de la inscripción en el registro a que se refiere el inciso anterior; y sin perjuicio de las reglas especiales establecidas en los regímenes tributarios de excepción. El cambio de inscripción deberá solicitarse en la municipalidad en que se pague el permiso de circulación.

El permiso de circulación otorgado por una determinada municipalidad, habilitará al vehículo para transitar en todo el territorio nacional.

Sólo para los efectos de control, el propietario del vehículo deberá declarar bajo juramento en la municipalidad donde obtenga el permiso respectivo, el lugar de su morada. Si con posterioridad trasladare su morada a otro lugar, estará obligado a dar cuenta de dicho hecho a la municipalidad donde obtuvo el permiso, dentro del plazo de treinta días, contados desde el cambio de morada.

**Artículo 22.-** Además de los permisos ordinarios, habrá permisos de circulación para prueba de vehículos, que deberán pagar las casas vendedoras, y los talleres de reparación de vehículos de tracción mecánica, para el exclusivo objeto de poder exhibir, demostrar o probar las cualidades de los vehículos que ofrezcan en venta. Estos permisos de prueba pagarán el equivalente a diez unidades tributarias mensuales, cualquiera que sea la época del año en que se obtengan dichos permisos.

**Artículo 23.-** El ejercicio de toda profesión, oficio, industria, comercio, arte o cualquier otra actividad lucrativa secundaria o terciaria, sea cual fuere su naturaleza o denominación, está sujeta a una contribución de patente municipal, con arreglo a las disposiciones de la presente ley.

Asimismo, quedarán gravadas con esta tributación municipal las actividades primarias o extractivas en los casos de explotaciones en que medie algún proceso de elaboración de productos, aunque se trate de los exclusivamente provenientes del respectivo fundo rústico, tales como aserraderos de maderas, labores de separación de escorias, moliendas o concentración de minerales, y cuando los productos que se obtengan de esta clase de actividades primarias, se vendan directamente por los productores, en locales, puestos, kioscos o en cualquiera otra forma que permita su expendio también directamente al público o a cualquier comprador en general, no obstante que se realice en el mismo predio, paraje o lugar de donde se extraen, y aunque no constituyan actos de comercio los que se ejecuten para efectuar ese expendio directo.

También quedarán gravadas con esta tributación municipal las empresas o sociedades de inversión que adquieran o mantengan activos o instrumentos, de cualquier naturaleza, de los cuales puedan obtener rentas derivadas del dominio, posesión o tenencia a título precario como, asimismo, de su enajenación.

Ley 21210
Art. trigésimo primero a)
D.O. 24.02.2020

El Presidente de la República reglamentará la aplicación de este artículo.

**Artículo 24.-** La patente grava la actividad que se ejerce por un mismo contribuyente, en su local, oficina, establecimiento, kiosco o lugar determinado con prescindencia de la clase o número de giros o rubros distintos que comprenda. Tratándose de sociedades de inversiones o sociedades de profesionales, cuando éstas no registren domicilio comercial, la patente se deberá pagar en la comuna correspondiente al domicilio registrado por el contribuyente ante el Servicio de Impuestos Internos. Para estos efectos, dicho Servicio aportará esta información a las municipalidades, por medios electrónicos, durante el mes de mayo de cada año.

LEY 20033
Art. 4º Nº 6 a)
D.O. 01.07.2005

LEY 20280
Art. 2º Nº 3 a)
D.O. 04.07.2008

El valor por doce meses de la patente será de un monto equivalente entre el dos y medio por mil y el cinco por mil del capital propio de cada contribuyente, la que no podrá ser inferior a una unidad tributaria mensual ni superior a ocho mil unidades tributarias mensuales. Sin perjuicio del ejercicio de la facultad municipal, se considerará la tasa máxima legal para efectos de calcular el aporte al Fondo Común Municipal, que corresponda realizar a las municipalidades aportantes a dicho Fondo por concepto de las patentes a que se refiere el artículo precedente. Al efecto, el alcalde, con acuerdo del concejo, podrá, dentro del rango señalado, fijar indistintamente una tasa única de la patente para todo el territorio comunal, como asimismo tasas diferenciadas al interior de la comuna, en aquellas zonas definidas en el respectivo instrumento de planificación urbana, mediante la dictación del correspondiente decreto alcaldicio, el cual deberá publicitarse debidamente al interior de la comuna.

LEY 19704
Art. 2º Nº 5 y 6
D.O. 28.12.2000

NOTA

LEY 20033
Art. 4º Nº 6 b)
D.O. 01.07.2005

Para los efectos de este artículo se entenderá por capital propio el inicial declarado por el contribuyente si se tratare de actividades nuevas, o el registrado en el balance terminado el 31 de diciembre inmediatamente anterior a la fecha en que deba prestarse la declaración, considerándose los reajustes, aumentos y disminuciones que deben practicarse de acuerdo con las normas del artículo 41.- y siguientes de la Ley sobre Impuesto a la Renta, contenida en el Decreto Ley Nº 824.-, de 1974.

Sin perjuicio de lo dispuesto en el inciso primero de este artículo, el Servicio de Impuestos Internos aportará por medios electrónicos a cada una de las municipalidades que corresponda, dentro del mes de mayo de cada año, la información del capital propio declarado, el rol único tributario y el código de la actividad económica de cada uno de los contribuyentes.

LEY 20280
Art. 2° N° 3 b)
D.O. 04.07.2008

En los casos de los contribuyentes que no estén legalmente obligados a demostrar sus rentas mediante un balance general pagarán una patente por doce meses igual a una unidad tributaria mensual. No obstante lo anterior, los contribuyentes obligados a determinar un capital propio tributario simplificado conforme con el artículo 14 letra D), en su número 3 letra (j) y su número 8 letra (a) número (vii), de la Ley sobre Impuesto a la Renta, contenida en el decreto ley N° 824 de 1974, pagarán su patente en base a dicho capital propio, según lo señalado en los incisos anteriores.

Ley 21210
Art. trigésimo primero b)
D.O. 24.02.2020

Para modificar la tasa de la patente vigente en la respectiva comuna, las municipalidades deberán dictar una resolución que deberá ser publicada en el Diario Oficial con una anticipación, de a lo menos, seis meses al del inicio del año calendario en que debe entrar en vigencia la nueva tasa.

En la determinación del capital propio a que se refieren los incisos segundo y quinto de este artículo, los contribuyentes podrán deducir aquella parte del mismo que se encuentre invertida en otros negocios o empresas afectos al pago de patente municipal, lo que deberá acreditarse mediante certificado extendido por la o las municipalidades correspondientes a las comunas en que dichos negocios o empresas se encuentran ubicados. El Presidente de la República reglamentará la aplicación de este inciso.

LEY 20280
Art. 2° N° 3 c)
D.O. 04.07.2008

Ley 21210
Art. trigésimo primero c)
D.O. 24.02.2020

NOTA:
El artículo 2° transitorio de la LEY 19704, dispone que la modificación establecida en el numeral 6) del artículo 2° de la presente ley, sólo comenzará a regir a contar del año 2002.

**Artículo 25.-** En los casos de contribuyentes que tengan sucursales, oficinas, establecimientos, locales u otras unidades de gestión empresarial, cualquiera que sea su naturaleza jurídica o importancia económica, el monto total de la patente que grava al contribuyente será pagado proporcionalmente por cada una de las unidades antedichas, considerando el número de trabajadores que laboran en cada una de ellas, cualquiera sea su condición o forma, incluidos los trabajadores de temporada y los correspondientes a empresas subcontratistas, en la proporción que corresponda pudiendo considerar, además, otros factores que aseguren una distribución equitativa, todo lo cual será determinado por el reglamento que al efecto se dicte.

LEY 20033
Art. 4° N° 7
D.O. 01.07.2005

Para estos efectos, el contribuyente deberá presentar, dentro del mes de mayo de cada año, en la municipalidad en que se encuentre ubicada su casa matriz, una declaración en que se incluya el número total de trabajadores que laboran en cada una de las sucursales, oficinas, establecimientos, locales u otras unidades de gestión empresarial.

LEY 20280
Art. 2º Nº 4
D.O. 04.07.2008

Sobre la base de la declaración antes referida y los criterios establecidos en el reglamento, la municipalidad receptora determinará y comunicará, tanto al contribuyente como a las municipalidades vinculadas, la proporción del capital propio que corresponda a cada sucursal, establecimiento o unidad de gestión empresarial. En virtud de tal determinación, las municipalidades en donde funcionen las referidas sucursales, establecimientos o unidades, calcularán y aplicarán el monto de la patente que corresponda pagar en cada caso, según la tasa o tasas vigentes en las respectivas comunas.

Dicha determinación se remitirá a todos los municipios involucrados, los que tendrán derecho a objetarla ante la Contraloría General de la República, la que resolverá breve y sumariamente. Se entiende por casa matriz para los efectos de este artículo, la oficina, local, o establecimiento en que funciona la gerencia de la empresa o negocio o su dirección general.

El reglamento establecerá las modalidades para la aplicación de este artículo.

**Artículo 26.-** Toda persona que inicie un giro o actividad gravada con patente municipal presentará, conjuntamente con la solicitud de autorización para funcionar en un local o lugar determinado, una declaración jurada simple acerca del monto del capital propio del negocio, para los efectos del artículo 24. Asimismo, en los casos que corresponda deberán efectuar la declaración indicada en el artículo anterior.

La municipalidad estará obligada a otorgar la patente respectiva en forma inmediata una vez que el contribuyente hubiere acompañado todos los permisos requeridos o la municipalidad hubiere verificado por otros medios el cumplimiento de aquellos, tanto de orden sanitario, como de emplazamiento según las normas de zonificación del Plan Regulador, de otros permisos que leyes especiales les exigieren, según sea el caso, y siempre que no sea necesario verificar condiciones de funcionamiento por parte de la Dirección de Obras de la municipalidad. Sin perjuicio de lo anterior, tratándose de patentes de profesionales y patentes de sociedades de profesionales, no se exigirá permiso alguno. Las limitaciones y autorizaciones señaladas no se aplicarán a la microempresa familiar. Con todo, sus actividades deberán sujetarse a lo dispuesto por el D.S. Nº 977, de 1997, del Ministerio de Salud, que aprobó el Reglamento Sanitario de los Alimentos. Se entenderá por microempresa familiar aquella que reúna los siguientes requisitos:

Ley 20494
Art. 1 Nº 1 a)
D.O. 27.01.2011

LEY 19749
Art. único Nº 1 A)
D.O. 25.08.2001

a) Que la actividad económica que constituya su giro se ejerza en la casa habitación familiar;

b) Que en ella no laboren más de cinco trabajadores extraños a la familia, y

c) Que sus activos productivos, sin considerar el valor del inmueble en que funciona, no excedan las 1.000 unidades de fomento.

La microempresa familiar señalada en el inciso segundo podrá desarrollar cualquier actividad económica lícita, excluidas aquellas peligrosas, contaminantes o molestas.

LEY 19749
Art. único Nº 1 B)
D.O. 25.08.2001

Para acogerse a los beneficios señalados, a los contemplados en los artículos 22 y 84 del D.L. Nº 824, de 1974, Ley sobre Impuesto a la Renta, en los artículos 29 y siguientes del D.L. Nº 825, de 1974, Ley sobre Impuesto a las Ventas y Servicios, y demás que favorezcan a la microempresa, el interesado deberá inscribirse en la municipalidad respectiva y acompañará una declaración jurada en la que afirme que es legítimo ocupante de la vivienda en que se desarrollará la actividad empresarial y que su actividad no produce contaminación. Si la vivienda es una unidad de un condominio, deberá contar con la autorización del Comité de Administración respectivo.

Sin perjuicio de lo señalado en el inciso segundo, la municipalidad deberá otorgar patente provisoria en forma inmediata al contribuyente cuando se cumplan los siguientes requisitos: a) Emplazamiento según las normas sobre zonificación del Plan Regulador; b) Se acompañe autorización sanitaria, en aquellos casos en que ésta sea exigida en forma expresa por el decreto con fuerza de ley Nº 1, del Ministerio de Salud, de 1989; c) En el caso de actividades que requieran autorización sanitaria de aquellas que no se encuentren señaladas en el citado decreto con fuerza de ley, el contribuyente sólo deberá acreditar haber solicitado la autorización correspondiente a la Autoridad Sanitaria, y d) Los permisos que exijan otras leyes especiales, según sea el caso.

Ley 20494
Art. 1 Nº 1 b)
D.O. 27.01.2011

Las municipalidades podrán otorgar patentes provisorias para el ejercicio de las actividades que deban cumplir con los requisitos señalados en las letras b) y d) del inciso precedente, sin que sea necesario exigir la autorización correspondiente, siempre que la actividad de que se trate esté incorporada en la ordenanza que se dicte al efecto. Las municipalidades sólo podrán incorporar en dicha ordenanza los tipos de actividades previamente autorizadas por la autoridad competente, la que deberá señalar, además, las características y condiciones que aquellas deben cumplir. Las municipalidades deberán exigir el cumplimiento del requisito de que se trate dentro de un plazo determinado, el cual no podrá exceder de un año contado desde la fecha en que se otorgue la patente provisoria.

Ley 20494
Art. 1 Nº 1 c)
D.O. 27.01.2011

En caso de que se rechazare la solicitud de autorización sanitaria a que se refiere la letra c) del inciso quinto o se rechazaren los permisos señalados en los incisos precedentes o hubiere vencido el plazo otorgado por la municipalidad para obtenerlos, la patente provisoria caducará de pleno derecho, debiendo el contribuyente cesar de inmediato sus actividades.

Ley 20494
Art. 1 Nº 1 d)
D.O. 27.01.2011

Cuando la actividad que vaya a realizar el contribuyente exigiere la verificación de condiciones de funcionamiento por parte de la Dirección de Obras de la municipalidad, esta verificación se hará dentro de los treinta días corridos siguientes al otorgamiento de la patente provisoria, debiendo manifestar la Dirección, dentro de dicho plazo, la existencia de observaciones y condiciones que deban cumplirse para otorgar la patente definitiva. En caso de que hubiera transcurrido el plazo antes señalado y la municipalidad no hubiera concurrido, o habiendo concurrido no encontrare observaciones, la patente extendida provisoriamente se convertirá por el solo ministerio de la ley en definitiva, siempre que se hayan obtenido los permisos sanitarios correspondientes, debiendo la municipalidad extender la patente definitiva si fuere requerida al efecto. Asimismo, si existieren observaciones y éstas fueran subsanables, podrá la municipalidad declarar que la patente provisoria mantendrá dicho carácter por el tiempo que la Dirección de Obras le señale para cumplir con las exigencias que las disposiciones legales determinen, plazo que no podrá exceder de un año desde que la patente provisoria hubiere sido extendida. Asimismo, si las observaciones no fueren subsanables, o no hubieren sido subsanadas dentro del plazo dado por la municipalidad, la patente caducará de pleno derecho. Para los efectos de la clausura, la municipalidad podrá requerir el auxilio de la fuerza pública.

Sin perjuicio de lo señalado en el inciso anterior, en caso de que la causa que impidiera subsanar las observaciones fuere la existencia de una declaratoria de utilidad pública sobre el inmueble en que haya de realizarse la actividad de que se trate, y la Dirección de Obras Municipales haya negado la solicitud efectuada por el propietario según lo dispuesto en el inciso segundo del artículo 121 del decreto con fuerza de ley Nº 458, del Ministerio de Vivienda y Urbanismo, de 1976, Ley General de Urbanismo y Construcciones, la municipalidad deberá prorrogar la patente provisoria hasta que se cumpla el plazo de caducidad de dicha declaratoria. Al plazo anteriormente indicado deberá adicionarse, si fuere el caso, el plazo que la Dirección de Obras Municipales haya otorgado para subsanar las observaciones que haya efectuado, de acuerdo a lo señalado en el inciso anterior.

En caso de que la autorización sanitaria se haya obtenido en forma tácita, en aplicación de lo dispuesto en el inciso tercero del artículo 7º del Código Sanitario, el contribuyente que solicita la patente deberá acompañar una declaración jurada indicando que la autoridad sanitaria no se pronunció dentro del plazo legal y acompañar además el documento que acredite haber hecho la solicitud sanitaria de que se trata. Al que falseare la información a que se refiere este inciso o no cesare sus actividades cuando la patente hubiere caducado se le aplicarán las sanciones establecidas en el Título X de esta ley, sin perjuicio de las demás que sean aplicables por realizar declaraciones juradas falsas y por el incumplimiento de las normas sanitarias.

En los casos de los incisos anteriores y para empresas que acrediten que su capital efectivo no excede de cinco mil unidades de fomento, las municipalidades podrán eximir del pago de las patentes provisorias u otorgar plazos para el pago de las mismas, de hasta doce cuotas mensuales reajustables. Las condiciones para otorgar exenciones o facilidades de pago de patentes provisorias se definirán a través de ordenanzas, las que en ningún caso podrán establecer diferencias arbitrarias entre beneficiarios que desarrollen la misma actividad económica o que participen en el mismo sector o zona geográfica.

Ley 20494
Art. 1 Nº 1 e)
D.O. 27.01.2011

La exención corresponderá al año que dure la patente provisoria.

NOTA:
El artículo único de la LEY 20031, publicada el 08.07.2005, interpreta la presente norma, en el sentido de que, entre las autorizaciones que las microempresas familiares deben obtener de acuerdo a este artículo, para los efectos de obtener una patente municipal, no se incluye ni se ha debido incluir previamente el permiso de construcción ni la recepción definitiva de las obras constitutivas de la casa habitación familiar en la cual se ejerce la actividad económica que constituye su giro.

**Artículo 26 bis.-** Los trabajos que se ejecuten por las microempresas familiares, por encargo de terceros, se entenderán, para todos los efectos legales, que se realizan por cuenta de quien los encarga.

LEY 19749
Art. único N° 2
D.O. 25.08.2001

**Artículo 27.-** Sólo están exentas del pago de la contribución de patente municipal las personas jurídicas sin fines de lucro que realicen acciones de beneficencia, de culto religioso, culturales, de ayuda mutua de sus asociados, artísticas o deportivas no profesionales y de promoción de intereses comunitarios.

**Artículo 28.-** En aquellas comunas en que se encuentren ubicados balnearios o lugares de turismo, las municipalidades podrán otorgar patentes temporales hasta por cuatro meses para el funcionamiento de negocios o actividades gravadas conforme al artículo 23.- de esta ley, incluidas las de expendios de bebidas alcohólicas.

El valor de las patentes, por el período en que se otorguen en cada año o temporada, será del cincuenta por ciento del valor de la patente ordinaria.

El Presidente de la República determinará los balnearios y lugares de turismo, en que se podrá otorgar esta clase de patente para el expendio de bebidas alcohólicas.

**Artículo 29.-** El valor fijado conforme al artículo 24.- corresponde a la patente de doce meses comprendidos entre el 1° de julio del año de la declaración y el 30 de junio del año siguiente.

Estarán exentos de todo impuesto o derecho municipal, los instrumentos que los contribuyentes deben presentar para el otorgamiento de patentes, tales como declaraciones, copias de balances, quedando, por tanto, prohibido cualquier cobro distinto del valor fijado en el artículo 24.

La patente se podrá pagar al contado o en dos cuotas iguales, en la municipalidad respectiva, dentro de los meses de julio y enero de cada año.

Si la patente se pagare en dos cuotas, el valor de la segunda se reajustará en la misma proporción en que haya variado el Índice de Precios al Consumidor en el período comprendido entre el 1° de junio y el 30 de noviembre inmediatamente anterior.

Si un contribuyente se estableciere después del 31 de diciembre pagará el cincuenta por ciento del valor de la patente.

Asimismo, los contribuyentes, con excepción de los señalados en el artículo 32, que cambien de domicilio su casa matriz o sucursal, pagarán la respectiva patente comercial en la municipalidad correspondiente al nuevo domicilio, a contar del semestre siguiente al de su instalación. Para tal efecto, deberán comunicar dicha situación a la municipalidad del nuevo domicilio, dentro de los 30 días corridos siguientes al de la instalación, exhibiendo la patente pagada en la municipalidad de origen por el período semestral respectivo y un certificado emitido por la misma, en donde conste que no mantiene deuda pendiente por este concepto. En el caso de existir deuda, no se otorgará patente definitiva o provisoria, mientras no se regularice dicha situación ante la municipalidad respectiva.

LEY 20033
Art. 4° N° 8
D.O. 01.07.2005

**Artículo 30.-** Si un establecimiento cambiare de dominio, el nuevo dueño deberá hacer anotar la transferencia en el rol respectivo.

El adquirente pagará por concepto de patente por el período semestral que esté corriendo una contribución de monto igual a la que está girada o corresponda girar por el negocio transferido, rigiendo las normas generales respecto de los períodos siguientes.

**Artículo 31.-** Serán responsables del pago de la patente, además de los propietarios de los establecimientos o negocios sujetos a dicho pago, los administradores o regentes de los mismos, aun cuando no tengan nombramiento o mandato constituido en forma legal.

**Artículo 32.-** Las personas que ejerzan profesiones liberales o cualquier otra profesión u ocupación lucrativa de acuerdo con la definición del artículo 42.-, N° 2 del Decreto Ley N° 824.-, de 1974, pagarán su patente anual sólo en la comuna donde tengan instalada su consulta, estudio u oficina principal. Dicha patente las habilitará para ejercer en todo el territorio nacional.

Las personas a que se refiere este artículo pagarán como patente única anual el equivalente a una unidad tributaria mensual.

**Artículo 33.-** Las patentes de los establecimientos de expendio de bebidas alcohólicas, serán clasificadas y otorgadas en la forma que determina la Ley N° 19.925.-, sin perjuicio de quedar afectos a la contribución del artículo 24.- de la presente ley.

LEY 20280
Art. 2° N° 5
D.O. 04.07.2008

**Artículo 34.-** El comprador, usufructuario, sucesor u ocupante a cualquier título, de un establecimiento, negocio o giro gravado con contribución de patentes, responderá del pago de las patentes morosas que se adeudaren.

**Artículo 34 bis.-** DEROGADO.

Ley 20494
Art. 1 N° 2
D.O. 27.01.2011

## TÍTULO V
## Del aporte fiscal

**Artículo 35.-** El aporte fiscal al Fondo Común Municipal estará constituido por:

LEY 20033
Art. 4° N° 9
D.O. 01.07.2005

NOTA

a) El impuesto territorial de los inmuebles fiscales afectos a dicho impuesto, según se determina en el Cuadro Anexo de la ley N° 17.235, sobre Impuesto Territorial. El giro del impuesto territorial de los inmuebles referidos, se enterará íntegramente a dicho Fondo Común.

b) El aporte anual en pesos, equivalente a 218.000 unidades tributarias mensuales, que contempla el N° 5 del artículo 14 de la ley N° 18.695, Orgánica Constitucional de Municipalidades.

NOTA:
La letra d) del artículo 1° Transitorio de la LEY 20033, publicada el 01.07.2005, dispone que la letra "a)" de este artículo regirá a contar del 1 de enero de 2006. Para completar el financiamiento requerido para los efectos de lo dispuesto en la letra b), durante el año 2005, el Ministerio de Hacienda podrá efectuar traspasos entre partidas.

**Artículo 36.-** El total de la suma que corresponda al aporte fiscal incrementará el Fondo Común Municipal a que se refiere el artículo 38.-.

## TÍTULO VI
## Participación municipal en el impuesto territorial y del Fondo Común Municipal

**Artículo 37.-** Las municipalidades percibirán el rendimiento total del impuesto territorial.

Constituirá ingreso propio de cada municipalidad el cuarenta por ciento de dicho impuesto de la comuna respectiva, salvo las municipalidades de Santiago, Providencia, Las Condes y Vitacura, en que el referido ingreso propio será de un treinta y cinco por ciento.

LEY 19704
Art. 2° N° 8 a)
D.O. 28.12.2000

LEY 20237
Art. 1° N° 1
D.O. 24.12.2007

**Artículo 38.-** La distribución del Fondo Común Municipal a que se refiere el artículo 14 de la ley N° 18.695, Orgánica Constitucional de Municipalidades, cuyo texto refundido, coordinado y sistematizado se encuentra fijado por el decreto con fuerza de ley N° 1, de 2006, del Ministerio del Interior, se sujetará a los indicadores que se señalan a continuación:

1. Un veinticinco por ciento por partes iguales entre las comunas del país.

2. Un diez por ciento en relación al número de pobres de la comuna, ponderado en relación con la población pobre del país.

3. Un treinta por ciento en proporción directa al número de predios exentos de impuesto territorial de cada comuna, con respecto al número de predios exentos del país, ponderado según el número de predios exentos de la comuna en relación con el total de predios de ésta.

4. Un treinta y cinco por ciento en proporción directa a los menores ingresos propios permanentes del año precedente al cálculo, lo cual se determinará en base al menor ingreso municipal propio permanente por habitante de cada comuna, en relación con el promedio nacional de dicho ingreso por habitante. Para determinar dicho menor ingreso, se considerará, asimismo, la población flotante en aquellas comunas señaladas en el decreto supremo a que se refiere el inciso cuarto de este artículo.

Para efectos de lo dispuesto en el N° 4 precedente, se considerarán como ingresos propios permanentes de cada municipalidad, los siguientes: las rentas de la propiedad municipal; el excedente del impuesto territorial que se recaude en la comuna, una vez descontado el aporte al Fondo Común Municipal que a ésta corresponde efectuar; el treinta y siete coma cinco por ciento de lo recaudado por permisos de circulación; los ingresos por recaudación de patentes municipales de beneficio directo; los ingresos por patentes mineras y acuícolas correspondientes a la municipalidad; los ingresos por derechos de aseo; los ingresos por licencias de conducir y similares; los ingresos por derechos varios; los ingresos por concesiones; los ingresos correspondientes a la municipalidad por el impuesto a las sociedades operadoras de casinos de juegos, establecido en la ley Nº 19.995, y los ingresos provenientes de las multas de beneficio directo y sanciones pecuniarias que las municipalidades apliquen.

Sin perjuicio de lo dispuesto precedentemente, para la comuna de Isla de Pascua, se considerarán, además, como ingresos propios los recursos que, con cargo al Fondo Común Municipal y previo a su distribución, se le asignen como compensación a los menores ingresos que dicha municipalidad deja de percibir por aplicación del artículo 41 de la ley Nº 16.441, por los conceptos de impuesto territorial, permisos de circulación y patentes municipales. La determinación del monto de recursos que por motivo de la señalada compensación se efectuará a la municipalidad de Isla de Pascua, se establecerá en el reglamento del Fondo Común Municipal. En todo caso, dicho monto no podrá ser inferior a 1,1 veces la suma del gasto en personal y en bienes y servicios de consumo del año anteprecedente al del cálculo de esta parte del Fondo.

Mediante decreto supremo, expedido a través del Ministerio del Interior y que llevará además la firma del Ministro de Hacienda, se determinarán anualmente, en el mes de diciembre del año anterior al de su aplicación, los coeficientes de distribución de los recursos a que se refieren las disposiciones anteriores. En el mismo decreto, se establecerán las ponderaciones para determinar el número de habitantes que corresponda asignar a las comunas que, de acuerdo al procedimiento, metodología y criterios establecidos en el reglamento señalado en el inciso sexto de este artículo, hayan sido declaradas como comunas balnearios, o a otras que reciban un flujo significativo de población flotante, en ciertos períodos del año.

Las municipalidades que, por aplicación de las normas de distribución señaladas anteriormente, reduzcan sus ingresos del Fondo Común Municipal en relación a los ingresos estimados a percibir durante el año del cálculo, serán compensadas con cargo al mismo Fondo. La diferencia que se produzca será compensada total o parcialmente sobre la base de la disponibilidad de recursos estimados para cada año fijándose anualmente, mediante el decreto señalado en el inciso anterior, el monto total que se destinará a dicha compensación y lo que corresponderá por tal concepto a cada uno de los respectivos municipios.

El reglamento del Fondo Común Municipal, expedido a través de los Ministerios del Interior y de Hacienda, regulará en todo lo demás la operatoria de este Fondo, en especial, el mecanismo de recaudación de los recursos y demás criterios necesarios para su aplicación, incluyendo sus indicadores y variables, el mecanismo de estabilización y las fuentes o cifras de información oficiales que se aplicarán en cada caso.

**Artículo 39.-** Las municipalidades de Providencia, Vitacura y Las Condes, adicionalmente al aporte que deben efectuar en virtud de lo dispuesto en el número 1) del Artículo 14 de la ley 18.695, Orgánica Constitucional de Municipalidades, integrarán anualmente al Fondo Común Municipal un monto equivalente a 70.000 unidades tributarias mensuales, distribuido entre ellas en proporción al total del rendimiento del impuesto territorial correspondiente a los inmuebles ubicados en cada una de dichas comunas, en el año inmediatamente anterior al del aporte. Mediante decreto del Ministerio del Interior, suscrito por el Ministerio de Hacienda, se determinará cada año el monto de dichos aportes que corresponda a las municipalidades señaladas y los meses en que deben ser integrados al Fondo Común Municipal.

LEY 20033
Art. 4º Nº 10
D.O. 01.07.2005

No obstante lo señalado, las referidas municipalidades quedarán exceptuadas de integrar al Fondo las cantidades que resulten de la aplicación del inciso anterior, hasta por el monto equivalente a los aportes que efectúen a la Corporación Cultural de la Municipalidad de Santiago. En todo caso, si en una anualidad los aportes de cualquiera de las municipalidades obligadas fuesen superiores a las cantidades correspondientes según lo establecido en el inciso primero, el exceso no será deducido del Fondo en los años posteriores.

Para los efectos de lo dispuesto en el inciso precedente, las municipalidades de Providencia, Vitacura y Las Condes deberán celebrar convenios con la Corporación Cultural de la Municipalidad de Santiago.

**Artículo 39 bis.-** Las deudas por los aportes que deban efectuar las municipalidades al Fondo Común Municipal, con sus respectivos reajustes e intereses, serán descontadas por el Servicio de Tesorerías, de los montos que a aquéllas les corresponda percibir por la recaudación del impuesto territorial o por su participación en el señalado Fondo, en un plazo máximo de seis meses, y en el número de cuotas que dicho servicio determine.

LEY 20280
Art. 2º Nº 6
D.O. 04.07.2008

Para los efectos indicados en el inciso anterior, la Subsecretaría de Desarrollo Regional y Administrativo deberá determinar para cada municipalidad, a partir del informe trimestral a que se refiere el artículo 60, los recursos que le correspondería haber enterado al Fondo Común Municipal. Este cálculo deberá ser informado al Servicio de Tesorerías dentro del mes siguiente al del vencimiento del trimestre respectivo.

Una vez recibido el informe señalado en el inciso anterior, el Servicio de Tesorerías deberá cotejar dicha información con los recursos efectivamente enterados por cada municipalidad. En el caso de existir diferencias entre el monto informado por la referida Subsecretaría y el ingreso efectivo, y una vez verificadas tales diferencias con la respectiva municipalidad, el Servicio de Tesorerías, sin perjuicio de lo establecido en el inciso primero, deberá informar de esta situación a la Contraloría General de la República y al correspondiente concejo.

## TÍTULO VII
## De los Recursos Municipales por Concesiones, Permisos o Pagos de Servicios.

**Artículo 40.-** Llámanse derechos municipales las prestaciones que están obligadas a pagar a las municipalidades, las personas naturales o jurídicas de derecho público o de derecho privado, que obtengan de la administración local una concesión o permiso o que reciban un servicio de las mismas, salvo exención contemplada en un texto legal expreso.

**Artículo 41.-** Entre otros servicios, concesiones o permisos por los cuales están facultadas las municipalidades para cobrar derechos, se contemplan especialmente los siguientes:

1.- Los que se prestan u otorgan a través de la unidad a cargo de obras municipales, relativos a urbanización y construcción y que se regulan, en cuanto a su naturaleza y monto de las prestaciones exigibles, por la ley general del ramo, su ordenanza general y las ordenanzas locales. Las tasas de los derechos establecidas en el primero de los textos citados son las máximas que pueden cobrarse pudiendo las municipalidades rebajarlas.

2.- Ocupaciones de la vía pública, con mantención de escombros, materiales de construcción, andamios y cierres, etc.

3.- Extracción de arena, ripio u otros materiales, de bienes nacionales de uso público, o desde pozos lastreros ubicados en inmuebles de propiedad particular.

LEY 20280
Art. 2º Nº 7
D.O. 04.07.2008

4.- Instalaciones o construcciones varias en bienes nacionales de uso público.

5.- Los permisos que se otorgan para la instalación de publicidad en la vía pública, o que sea vista u oída desde la misma, en conformidad a la Ordenanza Local de Propaganda y Publicidad. El valor correspondiente a este permiso se pagará anualmente, según lo establecido en la respectiva Ordenanza Local. En todo caso, los municipios no podrán cobrar por tales permisos, cuando se trate de publicidad que sólo dé a conocer el giro de un establecimiento y se encuentre adosada a la o las edificaciones donde se realiza la actividad propia del giro.

LEY 20280
Art. 2º Nº 8
D.O. 04.07.2008

Las normas para regular los estándares técnicos de diseño y emplazamiento para la instalación de la publicidad a que se refieren los acápites anteriores, serán fijadas en la Ordenanza General de Urbanismo y Construcciones, a la cual deberán ceñirse las respectivas ordenanzas locales sobre propaganda y publicidad.

Las municipalidades deberán publicar semestralmente, en lugares visibles de sus dependencias y estar disponibles para su consulta por cualquier vecino, los listados de los permisos de propaganda otorgados en la comuna, ordenados por vías públicas, con identificación de sus titulares y valores correspondientes a cada permiso.

Estos valores se pagarán en la misma época en que corresponde enterar las patentes del artículo 24.-, aplicándose las normas contenidas en el artículo 29.

En el caso de altoparlantes las municipalidades estarán facultadas para negar o poner término discrecionalmente a los permisos que se otorguen para este medio de propaganda.

6.- Examen de conductores y otorgamiento de licencia de conducir:

a) De vehículos motorizados.

b) De otros vehículos.

7.- Transferencia de vehículos con permisos de circulación, 1,5% sobre el precio de venta, teniendo como mínimo el precio corriente en plaza que determine el Servicio de Impuestos Internos, según lo establecido en la letra a) del artículo 12, salvo prueba en contrario. El pago del derecho mencionado se efectuará en cualquiera de los bancos e instituciones financieras autorizados para recaudar tributos, al momento de celebrarse el contrato de compraventa, y será de cargo del vendedor, salvo pacto en contrario. El Servicio de Tesoreras deberá incorporar al Fondo Común Municipal las cantidades recaudadas por este concepto. Los notarios y oficiales civiles que autoricen la transferencia deberán exigir previamente la acreditación del pago del último permiso de circulación y estarán facultados para emitir el giro correspondiente.

LEY 20033
Art. 4º Nº 12 b)
D.O. 01.07.2005

LEY 19704
Art. 2º Nº 10
D.O. 28.12.2000

LEY 20237
Art. 1° N° 2
D.O. 24.12.2007

8.- Comerciantes ambulantes.

**Artículo 42.-** Los derechos correspondientes a servicios, concesiones o permisos cuyas tasas no estén fijadas en la ley o que no se encuentren considerados específicamente en el artículo anterior o relativos a nuevos servicios que se creen por las municipalidades, se determinarán mediante ordenanzas locales.

Igual procedimiento se aplicará para la modificación o supresión de las tasas en los casos que proceda.

Las ordenanzas a que se refiere este artículo se publicarán en el Diario Oficial o en la página web de la municipalidad respectiva o en un diario regional de entre los tres de mayor circulación de la respectiva comuna, en el mes de octubre del año anterior a aquel en que comenzarán a regir, salvo cuando se trate de servicios nuevos, caso en el cual se publicarán en cualquier época, comenzando a regir el primer día del mes siguiente al de su publicación.

LEY 20033
Art. 4° N° 13 a y b)
D.O. 01.07.2005

La facultad conferida en el inciso primero de este artículo, es sin perjuicio de lo dispuesto en el inciso segundo del artículo 29.- y en el último inciso del artículo 12.

En todo caso, en el ejercicio de esta facultad, las municipalidades deberán observar criterios de simplificación, tanto en favor del expedito cumplimiento por parte de los contribuyentes, concesionarios, usuarios o permisionarios, como en beneficio de una cómoda y económica recaudación y administración de los recursos.

## TÍTULO VIII
## De las Rentas Varias

**Artículo 43.-** Son rentas varias de las municipalidades todos aquellos ingresos ordinarios de las mismas no especificados especialmente, y entre otros, los que siguen:

1.- La parte correspondiente a las municipalidades de las multas y pagos por conmutaciones de penas;

2.- Intereses sobre fondos de propiedad municipal;

3.- Precio de las especies encontradas o decomisadas, o de animales aparecidos y no reclamados por sus dueños.

El plazo para reclamar las especies encontradas o los animales aparecidos será de un mes, contado desde la fecha en que hubieren llegado a poder de la municipalidad.

Si dentro de los seis meses siguientes a la fecha del remate el dueño de la especie perdida o del animal aparecido los reclamare, la municipalidad estará obligada a entregarle el valor que hubiere obtenido en el remate, deducidos los gastos ocasionados.

**Artículo 44.-** En los remates que deban realizarse para vender bienes en subasta pública, tales como los objetos perdidos o decomisados, los animales aparecidos u otros activos que corresponda liquidar, intervendrá como martillero el secretario municipal, tesorero municipal o martillero público que el municipio designe.

**Artículo 45.-** Las municipalidades en cuyo territorio jurisdiccional existan balnearios, percibirán los derechos que se paguen por las concesiones de uso y goce en las playas ubicadas en dichos balnearios.

La Ley 21040, Art. 76 N°s. 1 y 2, D.O. 24.11.2017 modificó este Artículo, lo que depende del siguiente evento para que entre en vigencia: Las modificaciones introducidas a la presente norma por el Título VI de la ley 21.040 entrarán en vigencia desde la fecha del traspaso del servicio educacional al Servicio Local respectivo.

**Artículo 46.-** El producto de las herencias, legados y donaciones que se hicieren a las municipalidades se invertirá en la forma que determine el causante en el testamento, o el donante en el acto constitutivo de la donación; debiendo ser incorporado al presupuesto y al inventario municipal, según corresponda. Si el causante o donante nada dijere al respecto, el alcalde, con acuerdo del concejo, determinará los programas en los cuales se empleará el producto de las herencias, legados y donaciones efectuadas.

LEY 20033
Art. 4° N° 14 a y b)
D.O. 01.07.2005

Los contribuyentes que de acuerdo con lo dispuesto en la Ley sobre Impuesto a la Renta declaren sus rentas efectivas demostradas mediante un balance general y que efectúen donaciones a los establecimientos que se señalan en el inciso siguiente podrán rebajar como gasto las sumas pagadas, para los efectos de determinar la renta líquida imponible gravada con los tributos de la mencionada ley.

Las donaciones a que se refiere el inciso anterior deberán beneficiar a las siguientes instituciones o establecimientos:

a) Establecimientos educacionales, hogares estudiantiles, establecimientos que realicen prestaciones de salud y centros de atención de menores que en virtud de lo dispuesto en el Decreto con Fuerza de Ley N° 1-3.063, de 13 de junio de 1980, hayan sido traspasados a las municipalidades, ya sea que estas últimas los mantengan en su poder o los hayan traspasado a terceros.

b) Establecimientos privados de educación, reconocidos por el Estado, de enseñanza básica gratuita, de enseñanza media científico humanista y técnico profesional, siempre que estos establecimientos de enseñanza media no cobren por impartir la instrucción referida una cantidad superior a 0,63 unidades tributarias mensuales por concepto de derechos de escolaridad y otras que la ley autorice a cobrar a establecimientos escolares subvencionados; a establecimientos de educación regidos por el Título XXXIII del Libro I del Código Civil y a establecimientos de educación superior creados por ley o reconocidos por el Estado o al Fondo Nacional de Desarrollo Científico y Tecnológico. Asimismo, gozarán de este beneficio las instituciones sin fines de lucro cuyo objeto sea la creación, investigación o difusión de las artes y las ciencias o realicen programas de acción social en beneficio exclusivo de los sectores de mayor necesidad, creadas por ley o regidas por el Título XXXIII del Libro I del Código Civil, que cumplan con los requisitos que determine el Presidente de la República, en el plazo de 180 días, mediante decreto expedido por intermedio del Ministerio de Hacienda. Las donaciones a que se refiere este inciso serán consideradas como gasto sólo en cuanto no excedan del 10% de la renta líquida imponible del donante.

Un reglamento establecerá la forma y condiciones en que se aplicará lo dispuesto en esta letra.

c) Centros privados de atención de menores y establecimientos de atención de ancianos, con personalidad jurídica, que presten atención enteramente gratuita.

Los pagos que al efecto se realicen se aceptarán como gastos en el año en que realmente se efectúen, y se acreditarán con los documentos que señale el Director de Impuestos Internos.

Las sumas que por este concepto reciban los mencionados establecimientos sólo podrán destinarlas a solventar sus gastos o a efectuar ampliaciones o mejoras de sus edificios e instalaciones.

Las donaciones que se efectúen a los establecimientos señalados en el inciso cuarto de este artículo no requerirán el trámite de la insinuación y estarán exentas de todo impuesto.

## TÍTULO VIII BIS
## De las donaciones a entidades sin fines de lucro

Ley 21440
Art. 1
D.O. 12.04.2022

**Artículo 46 A.-** Régimen de donaciones a entidades sin fines de lucro. Las donaciones en dinero o bienes corporales e incorporales a favor de las entidades sin fines de lucro inscritas en el registro público que se señala en el artículo 46 F tendrán derecho a los beneficios que se establecen en este Título, de acuerdo con los procedimientos, requisitos y condiciones que se indican en los artículos siguientes.

Ley 21440
Art. 1
D.O. 12.04.2022

Los bienes incorporales sólo podrán ser objeto de donación en aquellos casos en que se encuentren sujetos a registro o inscripción por disposición legal.

A) Donantes. Podrán acogerse a los beneficios que se establecen en este Título las donaciones efectuadas por los siguientes contribuyentes:

1. Contribuyentes del impuesto de primera categoría que declaren sus rentas efectivas según contabilidad completa o simplificada, y aquellos acogidos al régimen de transparencia del número 8 de la letra D del artículo 14 de la Ley sobre Impuesto a la Renta.

2. Contribuyentes del impuesto global complementario de la Ley sobre Impuesto a la Renta.

3. Contribuyentes afectos al impuesto único de segunda categoría del número 1 del artículo 43 de la Ley sobre Impuesto a la Renta.

4. Contribuyentes del impuesto adicional de la Ley sobre Impuesto a la Renta, que se encuentren sujetos a la obligación establecida en el artículo 65 de dicha ley, y los accionistas a que se refiere el número 2 del artículo 58 de esa misma ley.

No tendrán derecho a los beneficios que se establecen en este Título, las donaciones que se efectúen por empresas del Estado o aquellas en que el Estado, sus organismos o empresas tengan participación o interés, y las municipalidades.

B) Fines de las donaciones. Las donaciones reguladas en el presente Título deberán tener por objeto el financiamiento de los siguientes fines:

1. El desarrollo social, entendiéndose por tal, la ayuda a personas que estén en una situación de vulnerabilidad como consecuencia de su edad, enfermedad, discapacidad, dificultades económicas u otras circunstancias.

2. El desarrollo comunitario y local, el desarrollo urbano y habitacional.

3. La salud, entendiéndose por tal, el desarrollo de acciones de promoción de la salud, de investigación, en cualquiera de las áreas de la medicina. También se considerarán las inicia-

tivas orientadas a la prevención de enfermedades y a la rehabilitación de las personas y a la elaboración e implementación de programas para prevención o rehabilitación de adicciones de alcohol o drogas.

4. La educación, entendiéndose por tal, las acciones o iniciativas destinadas al mejoramiento de la calidad de la educación que se imparte en el país en todas sus dimensiones, y la investigación con fines académicos.

5. Las ciencias, entendiéndose por tales, las actividades que promuevan el conocimiento, la investigación científica, la innovación y la tecnología, con el objeto de contribuir al desarrollo sustentable y al bienestar social.

6. La cultura, entendiéndose por tal, las acciones o iniciativas destinadas a promover el desarrollo de las artes, las manifestaciones artísticas y la difusión de éstas. Se incluye en este fin el patrimonio cultural en su sentido amplio, que comprende el ámbito artístico en su dimensión arquitectónica, urbanística, plástica, lingüística, escénica, audiovisual y musical, así como toda acción orientada a rescatarlo, protegerlo, conservarlo, incrementarlo, promoverlo y difundirlo.

7. El deporte, entendiéndose por tal, las acciones o iniciativas dirigidas al financiamiento de proyectos destinados al cumplimiento de los objetivos indicados en el inciso primero del artículo 43 de la ley Nº 19.712, del Deporte.

8. El medio ambiente, entendiéndose por tal el sistema global constituido por elementos naturales y artificiales de naturaleza física, química o biológica, socioculturales y sus interacciones, en permanente modificación por la acción humana o natural y que rige y condiciona la existencia y desarrollo de la vida en sus múltiples manifestaciones. A modo ejemplar y sin que esta enumeración sea taxativa, este fin incluye las acciones o iniciativas destinadas a la protección del medio ambiente; la preservación y restauración de la naturaleza; la conservación del patrimonio ambiental; enfrentar las causas y los efectos adversos del cambio climático mediante acciones de mitigación o adaptación; la reducción de la contaminación y la promoción de una economía circular; todas las anteriores, en tanto sean compatibles con la preservación de la naturaleza.

9. Las actividades relacionadas con el culto, entendiéndose por tales, aquellas desarrolladas por las iglesias y entidades religiosas para el cumplimiento de sus fines propios, en conformidad con lo dispuesto en la ley Nº 19.638, que establece normas sobre la constitución jurídica de las iglesias y organizaciones religiosas.

10. La equidad de género, entendiéndose por tal, las actividades, planes y programas destinados a promover la igualdad de derechos y oportunidades entre hombres y mujeres, la eliminación de toda forma de discriminación arbitraria basada en el género, y la plena participación de las mujeres en los planos cultural, político, económico y social.

11. La promoción y protección de los derechos humanos establecidos en las normas constitucionales y en los tratados internacionales ratificados por Chile que se encuentren vigentes, así como los emanados de los principios generales del derecho, reconocidos por la comunidad internacional.

12. El desarrollo y protección infantil y familiar.

13. El desarrollo y protección de los pueblos indígenas.

14. El desarrollo y protección de los migrantes.

15. La promoción de la diversidad y, en general, cualquier actividad que tenga por objeto evitar la discriminación racial, social o de otra naturaleza.

16. El fortalecimiento de la democracia, entendiéndose por tal, la promoción de los derechos y responsabilidades de la ciudadanía, el fomento de los valores democráticos, así como también, el apoyo, promoción y estudio de políticas públicas.

17. La asistencia y cooperación en cualquier fase del ciclo del riesgo de desastres sin importar su naturaleza, incluida la ayuda a entidades de rescate o salvamento, tales como bomberos y rescatistas.

18. La ayuda humanitaria en países extranjeros, prestada de manera directa por la entidad donataria.

19. La promoción, educación e investigación en materia de defensa de los animales y su protección.

20. Cualquier otro propósito de interés general, según se establezca mediante decreto supremo expedido por el Ministerio de Hacienda.

C) Donatarias. Las entidades que cumplan los siguientes requisitos copulativos podrán solicitar su incorporación en el registro público regulado en el artículo 46 F de este Título, en la forma y condiciones que allí se establecen:

1. Que sean instituciones sin fines de lucro regidas por el Título XXXIII del Libro I del Código Civil, Cuerpos de Bomberos integrantes del Sistema Nacional de Bomberos constituidos en conformidad a la ley Nº 20.564 o entidades constituidas conforme a la ley Nº 19.638.

2. Que, según sus estatutos y su actividad efectiva principal, promuevan los fines por los cuales reciban los montos donados y siempre que éstos se encuentren indicados en el literal B) anterior.

3. Que sean una entidad de beneficio público. Se entiende que una entidad es de beneficio público cuando ofrece sus servicios o actividades a toda la población o a un grupo de personas de características generales y uniformes, sin que exista en la determinación de dicho grupo cualquier forma, manifestación o acto de discriminación arbitrario que vaya en contra del principio de universalidad y el bienestar común.

Un reglamento expedido por el Ministerio de Hacienda regulará la forma de acreditación del cumplimiento de los requisitos señalados en este artículo para la incorporación de las referidas entidades en el registro.

Las donatarias no podrán recibir donaciones de los miembros de su directorio, sus cónyuges, convivientes civiles y ascendientes o descendientes hasta el segundo grado de consanguinidad. En caso de que el donante sea una persona jurídica, esta prohibición se aplicará a los directores del donante, sus socios o accionistas que posean el 10 por ciento o más del capital social, y sus respectivos cónyuges, convivientes civiles y ascendientes o descendientes hasta el segundo grado de consanguinidad. La Secretaría Técnica establecida en el artículo 46 F deberá eximir de esta prohibición a aquellas personas que donen a entidades que acrediten cumplir con los fines señalados en esta ley por un tiempo no inferior a dos años, y demuestren que su labor de beneficio público no está condicionada ni dirigida a beneficiar a candidatos a cargos de elección popular.

**Artículo 46 B.-** Beneficios de las donaciones a entidades sin fines de lucro. Las donaciones efectuadas de conformidad con el artículo 46 A otorgarán a los donantes y a las donatarias los siguientes beneficios, según corresponda:

Ley 21440
Art. 1
D.O. 12.04.2022

A) La donación no estará afecta al impuesto a las donaciones establecido en la ley Nº 16.271.

B) La donación estará liberada del trámite de insinuación contemplado en los artículos 1401 y siguientes del Código Civil y en los artículos 889 y siguientes del Código de Procedimiento Civil.

C) Los donantes podrán deducir el monto de la donación de la base imponible del impuesto de primera categoría, impuesto único de segunda categoría, impuesto global complementario o impuesto adicional, según corresponda, con los límites y en la forma regulada en este artículo.

1. Límites a la deducción de la base imponible. Los donantes contribuyentes del impuesto de primera categoría y aquellos acogidos al régimen de transparencia establecido en el número 8 de la letra D del artículo 14 de la Ley sobre Impuesto a

la Renta, podrán deducir anualmente de la base imponible del impuesto a la renta, el monto menor entre:

i. el equivalente en pesos a 20.000 unidades tributarias mensuales, considerando el valor de la unidad tributaria mensual del mes de cierre del ejercicio respectivo; y,

ii. alguno de los siguientes valores determinados al cierre del ejercicio respectivo, a elección del donante: el 5 por ciento de la base imponible, el 4,8 por mil del capital propio tributario o el 1,6 por mil del capital efectivo. Los límites indicados aplicarán aún en caso de pérdida tributaria.

Para efectos del cálculo de los límites señalados en el párrafo anterior, los donantes acogidos al régimen de transparencia antes mencionado, determinarán su capital propio tributario de acuerdo con lo dispuesto en el numeral (vii) del literal (a) del número 8 de la letra D del artículo 14 de la Ley sobre Impuesto a la Renta, sin importar los ingresos del contribuyente.

En el caso de los contribuyentes del impuesto único de segunda categoría, impuesto global complementario e impuesto adicional la deducción de la base imponible tendrá como límite anual el monto menor entre:

i. el equivalente en pesos a 10.000 unidades tributarias mensuales, considerando el valor de la unidad tributaria mensual del mes de cierre del ejercicio respectivo; y

ii. el 5 por ciento de la base imponible del impuesto correspondiente.

Las donaciones acogidas a lo dispuesto en este Título no estarán sujetas al límite global absoluto establecido en el artículo 10 de la ley N° 19.885.

La parte de la donación que exceda de los límites señalados en este artículo no se aceptará como gasto ni podrá ser deducida de la base imponible, pero no quedará afecta a lo dispuesto en el inciso primero del artículo 21 de la Ley sobre Impuesto a la Renta.

2. Forma de efectuar la deducción a la base imponible. La deducción del monto de las donaciones procederá en el mismo ejercicio comercial en que se efectúen. Para efectos de calcular la deducción aplicable, el monto de la donación se reajustará de acuerdo con el porcentaje de variación experimentado por el Índice de Precios al Consumidor en el período comprendido entre el último día del mes anterior al pago de la donación y el último día del mes anterior a la fecha de término del ejercicio respectivo.

Los contribuyentes del impuesto único de segunda categoría podrán efectuar donaciones directamente o mediante descuentos por planilla acordados con su empleador, respetando los límites de descuentos señalados en el Código del Trabajo. En este último caso, el empleador deberá efectuar la deducción de la base imponible para efectos del cálculo de la retención del impuesto correspondiente al mes en que se efectúe la donación, sin aplicar reajuste alguno. Con todo, los contribuyentes de este impuesto deberán efectuar una reliquidación anual conforme al procedimiento establecido en el artículo 47 de la Ley sobre Impuesto a la Renta, para efectos de determinar el beneficio que resulte aplicable.

Los contribuyentes del impuesto adicional deberán deducir el monto de las donaciones en su declaración anual de impuesto a la renta. Aquellos que no estén obligados a efectuar la declaración anual, conforme al artículo 65 de la Ley sobre Impuesto a la Renta, deberán presentar dicha declaración para efectos de acogerse al beneficio establecido en este Título. En ella podrán solicitar la devolución de las sumas retenidas en exceso durante el ejercicio respectivo, debidamente reajustadas en la forma establecida en el inciso tercero del artículo 97 de la Ley sobre Impuesto a la Renta.

3. Donaciones provenientes del exterior. No se afectarán con el impuesto a las donaciones aquellas que se efectúen por entidades no residentes ni domiciliadas en Chile a favor de las entidades inscritas en el registro a que se refiere el artículo 46 F, siempre que los bienes donados se encuentren situados en el exterior y las donaciones no sean financiadas con recursos provenientes del país.

Cuando dichas donaciones exceden en el plazo de un año calendario la cantidad equivalente en pesos chilenos de diez mil dólares de los Estados Unidos de América dentro de un mismo año calendario, las entidades donatarias beneficiarias deberán presentar una declaración jurada ante el Servicio de Impuestos Internos, en la forma y plazo que este Servicio establezca mediante resolución. Dicha declaración deberá contener a lo menos la siguiente información: individualización del donante y de su beneficiario final, de ser procedente; monto de la donación; origen de los fondos; moneda y jurisdicción de origen; y, nombre de las instituciones bancarias que intervienen junto a la singularización de las respectivas cuentas bancarias de origen y destino, en caso de aplicar.

La Unidad de Análisis Financiero podrá acceder a la información contenida en la declaración presentada por la entidad donataria mediante requerimiento al Servicio de Impuestos Internos. Adicionalmente, este Servicio deberá notificar a la Unidad de Análisis Financiero si la entidad donataria no cumple con la obligación señalada en el párrafo anterior.

Las entidades donatarias deberán informar al Servicio de Impuestos Internos el detalle de los bienes donados que hubieren sido importados, en la forma y plazo que dicho Servicio establezca mediante resolución.

4. Acreditación de la donación para acceder a los beneficios tributarios. Las entidades donatarias deberán enviar al donante un certificado de donación dentro del plazo de diez días hábiles contado desde la fecha de su recepción. Para efectos de acreditar la donación y tener derecho a los beneficios tributarios establecidos en este Título el donante deberá exhibir el certificado correspondiente y un comprobante de la entrega de la donación. Lo anterior, sin perjuicio de las facultades de fiscalización del Servicio de Impuestos Internos para verificar la efectividad de la donación.

Este Servicio regulará mediante resolución la forma en que se deberá emitir el certificado y los documentos que servirán como comprobante de la entrega de la donación. Sin perjuicio de lo anterior, el donante siempre podrá acreditar la efectividad y monto de la donación mediante todos los medios de prueba que establece la ley.

5. Obligación de información de los donantes. Los donantes que accedan a los beneficios indicados en este Título deberán comunicar al Servicio de Impuestos Internos las donaciones efectuadas durante el ejercicio comercial respectivo, en la forma y plazo que establezca este Servicio mediante resolución.

6. Incompatibilidad de beneficios tributarios. Las donaciones acogidas a los beneficios tributarios regulados en este Título no podrán, a su vez, acogerse a otros beneficios tributarios contemplados en otras leyes.

**Artículo 46 C.-** Donaciones de bienes corporales e incorporales y su valorización. Los contribuyentes del impuesto de primera categoría y aquellos acogidos al régimen de transparencia señalado en el número 8 de la letra D del artículo 14 de la Ley sobre Impuesto a la Renta valorizarán los bienes donados de acuerdo a su costo tributario, determinado de conformidad con las normas de aquella ley.

Ley 21440
Art. 1
D.O. 12.04.2022

Los demás contribuyentes valorizarán los bienes donados de conformidad con las normas sobre valoración contenidas en el Capítulo VI del Título I de la ley Nº 16.271. Los bienes que no tengan una regla especial de valorización deberán valorizarse de acuerdo a su valor corriente en plaza, en conformidad a lo señalado en el artículo 46 bis de la referida ley.

El Servicio de Impuestos Internos tendrá la facultad de tasar el valor corriente en plaza determinado por el donante, en conformidad a lo señalado en el artículo 64 del Código Tributario.

Cuando el valor corriente en plaza de un bien corporal donado sea igual o mayor a cinco millones de pesos, dicha valorización deberá estar respaldada por un informe de un perito independiente, cuyo costo podrá ser considerado como parte de la donación. El valor corriente en plaza de los bienes incorporales donados deberá respaldarse de la misma forma, cualquiera sea su monto.

Las donaciones de bienes corporales no se afectarán con los impuestos de la Ley sobre Impuesto a las Ventas y Servicios y no limitarán el derecho al uso como crédito fiscal del impuesto soportado o pagado en las adquisiciones de bienes o servicios utilizados para llevarlas a cabo. Adicionalmente, no se aplicarán en este caso aquellas disposiciones de dicha ley o de su reglamento que obligan a la determinación de un crédito fiscal proporcional cuando se realicen operaciones exentas o no gravadas con dicho impuesto.

Las importaciones de bienes donados estarán liberadas de todo tipo de tributo, arancel aduanero, impuesto, derecho, tasa, cargo o cualquier otro cobro que les sea aplicable.

El certificado de donación deberá indicar una descripción del bien donado y su valor.

**Artículo 46 D.-** Donaciones colectivas. Las donaciones reguladas en este Título podrán efectuarse por un donante actuando individualmente o por un grupo de donantes actuando en forma colectiva. Las donaciones efectuadas en forma colectiva podrán ser canalizadas o materializadas a través de asociaciones gremiales o entidades sin personalidad jurídica, en la forma que determine el reglamento señalado en el artículo 46 A. En estos casos, los beneficios tributarios se aplicarán a cada donante considerado individualmente.

Ley 21440
Art. 1
D.O. 12.04.2022

**Artículo 46 E.-** Buena fe de los donantes. En caso de verificarse una infracción o incumplimiento legal o reglamentario por parte de las entidades donatarias, los donantes de buena fe mantendrán todos los beneficios regulados en este Título, y sólo serán responsables si se prueba que han entregado antecedentes o información maliciosamente falsa o han actuado mediante abuso de formas o simulación a fin de obtener un beneficio tributario al cual no tenían derecho.

Ley 21440
Art. 1
D.O. 12.04.2022

**Artículo 46 F.-** Registro público de entidades donatarias. Créase una Secretaría Técnica, dependiente de la Subsecretaría de Hacienda, la cual deberá administrar el registro público en el que deberán inscribirse las entidades donatarias señaladas en el artículo 46 A, y cumplir con las demás obligaciones que se le impongan en el presente Título y en el Reglamento a que se refiere ese artículo.

Ley 21440
Art. 1
D.O. 12.04.2022

Las entidades deberán solicitar la inscripción a la Secretaría Técnica mediante la presentación de un formulario electrónico a través de un portal de donaciones que se creará para estos efectos en el sitio web del Ministerio de Hacienda, el que deberá incluir, a lo menos, información sobre vínculos de parentesco entre los miembros del directorio y entre éstos y los trabajadores y proveedores de la entidad y grupos de interés relacionados, si los hubiere. La Secretaría Técnica deberá verificar el cumplimiento de los requisitos señalados en el artículo 46 A y, una vez verificado, deberá proceder a la inscripción sin más trámites. No podrán inscribirse en el registro las entidades que participen en actividades de naturaleza político partidista o que efectúen donaciones destinadas a dichas actividades. Tampoco podrán inscribirse en el registro las entidades que reciban donaciones de personas jurídicas en cuyos directorios participen candidatos a cargos de elección popular. Las limitaciones establecidas en el presente inciso respecto de candidatos a cargos de elección popular, sólo aplicarán desde seis meses antes de la fecha de inscripción de su postulación ante el Servicio Electoral y hasta seis meses después de realizada la elección de que se trate. Fuera de este período, no regirán tales limitaciones para quienes hayan sido candidatos o lo fueren en el futuro.

La Secretaría Técnica eliminará del registro a las entidades que dejen de cumplir los requisitos necesarios para estar inscritas o incumplan las obligaciones o prohibiciones de los artículos 46 H, 46 I y 46 J. La entidad eliminada del registro no podrá volver a solicitar la inscripción dentro del plazo de dos años contado desde la fecha de la resolución de eliminación.

La inscripción, rechazo y eliminación del registro se efectuará mediante resolución emitida por el Subsecretario de Hacienda en el plazo máximo de veinte días hábiles, contado desde que haya sido presentada la solicitud de inscripción.

La Secretaría Técnica únicamente podrá rechazar, mediante resolución fundada, una solicitud de incorporación al registro sólo por el incumplimiento de los requisitos establecidos en esta ley. Contra las resoluciones que rechacen la incorporación al registro podrán interponerse los recursos establecidos en la ley Nº 19.880.

Las entidades donatarias que no hayan recibido donaciones de acuerdo a este Título podrán abandonar el registro en cualquier momento a través de una declaración simple informada a la Secretaría Técnica. Por su parte, las entidades que hubiesen recibido donaciones deberán permanecer en el registro hasta la total utilización y rendición de los recursos donados, y en ningún caso podrán abandonarlo durante el período de veinticuatro meses contado desde la fecha de la solicitud de abandono.

El reglamento señalado en el artículo 46 A establecerá el procedimiento de inscripción y eliminación del registro; los antecedentes que deberán acompañar los solicitantes, que deberán contener al menos los documentos que permitan la individualización de los donatarios y las partes relacionadas; las causales de eliminación, y todo lo relativo al funcionamiento y administración del registro y del portal a que se refiere el artículo siguiente.

**Artículo 46 G.-** Portal de donaciones. La Secretaría Técnica administrará un portal digital de libre acceso al público que mantendrá actualizada la siguiente información:

Ley 21440
Art. 1
D.O. 12.04.2022

1. La nómina de las entidades inscritas en el registro con el detalle de quiénes son sus asociados o socios fundadores, directores, los estados financieros y los estatutos con sus modificaciones.

2. La nómina histórica de las donaciones recibidas por las entidades inscritas en el registro, con indicación de su fecha, monto y si provienen desde el exterior.

3. Los reportes anuales presentados por las entidades inscritas en el registro de acuerdo con lo indicado en el artículo siguiente.

4. Toda otra información que señale la ley o el reglamento a que hace referencia el artículo 46 A.

Dicho reglamento establecerá el funcionamiento de este Portal.

**Artículo 46 H.-** Obligaciones de las entidades donatarias. Las entidades inscritas en el registro público de entidades donatarias se encontrarán sujetas a las siguientes obligaciones:

Ley 21440
Art. 1
D.O. 12.04.2022

1. Destinar las donaciones recibidas en conformidad al presente Título exclusivamente a las siguientes materias:

a) Gastos operacionales para el funcionamiento de la entidad en estricta relación con los fines de interés general que motivaron la donación.

b) Construcción, mantención, acondicionamiento, reparación, y mejoramiento de equipamiento e inmuebles destinados o donde se desarrollen exclusiva o mayoritariamente los mencionados fines.

c) Financiamiento de los programas, proyectos, planes, iniciativas y actividades destinadas al cumplimiento de los fines de interés general que motivaron la donación.

Los bienes corporales que reciba una entidad donataria podrán ser comercializados exclusivamente para solventar las materias que señala este numeral.

2. Presentar un reporte anual a la Secretaría Técnica con las características y el detalle de la información que determine el reglamento a que hace referencia el artículo 46 A.

Sin perjuicio de lo anterior, el reporte deberá contener, al menos, las siguientes menciones: las actividades, programas, planes, iniciativas y proyectos realizados, el resultado de éstos, el uso detallado de los recursos recibidos aplicados estrictamente a los fines de interés general que motivaron la donación, el objeto de la organización, el período de rendición del reporte, el saldo inicial para el período indicando recursos en efectivo y en especies, las donaciones o transferencias superiores a USD 20.000, las donaciones o transferencias con objetivos específicos, las donaciones o transferencias inferiores a USD 20.000, ingresos propios indicando su origen específico, el total de pagos realizados a proyectos específicos debidamente identificados, las transferencias a otras organizaciones no gubernamentales, el total de pagos realizados a proyectos en general, los pagos por gastos de administración y generales y el saldo final disponible para el próximo período. El reporte deberá ser presentado antes del 31 de marzo de cada año a través del portal señalado en el artículo 46 G.

El reglamento podrá considerar, para efectos del requerimiento de información, el tamaño de las entidades, la antigüedad de su constitución o inscripción en el registro, el tipo de actividades que realiza, los montos de donaciones recibidos, entre otros criterios.

3. Mantener actualizada la información que se publique en el portal de donaciones señalado en el artículo anterior. El plazo para actualizar la información del portal será de dos meses desde el hecho o acto que motiva la actualización. El reglamento a que hace mención este Título establecerá la información que debe publicarse en el portal de donaciones y su forma de presentación. El incumplimiento reiterado de esta obligación será sancionado con la eliminación del registro. Para estos efectos, se entenderá que existe reiteración cuando se cometan cinco o más incumplimientos en el período cualquiera de doce meses.

4. Cumplir con las obligaciones contenidas en el numeral 3 del artículo 46 B, respecto de las donaciones que provengan desde el exterior.

5. Las entidades donatarias que desarrollen el fin indicado en el numeral 18 del artículo 46 A, letra B) deberán entregar a la Secretaría Técnica y al Servicio de Impuestos Internos la información adicional que dicho Servicio determine mediante resolución, sobre las actividades de ayuda humanitaria prestadas en el exterior u otras materias.

6. Demás obligaciones que establezcan las leyes o el reglamento señalado en este Título.

**Artículo 46 I.-** Contraprestaciones. Las entidades donatarias no podrán efectuar prestación alguna, directa o indirectamente, en favor de los donantes, ya sea que dicha prestación se refiera a un tratamiento exclusivo, en condiciones especiales o exigiendo menos requisitos que los que exijan en general. Tampoco podrán efectuar dichas prestaciones en favor de los empleados del donante, o de las entidades relacionadas directa o indirectamente con el donante, de sus directores, o del cónyuge, o del conviviente civil o los parientes hasta el segundo grado de consanguinidad o por afinidad, de todos éstos, ya sea directamente o a través de entidades relacionadas en los términos señalados en el artículo 100 de la ley Nº 18.045. Esta prohibición regirá durante los doce meses anteriores y los cuarenta y ocho meses posteriores a la fecha en que se efectúe la donación. Se encuentran en esta situación, entre otras, las siguientes prestaciones: constituir garantías, otorgar créditos o similares; constituir cuentas corrientes mercantiles; otorgar becas de estudio, cursos de capacitación u otros; traspasar bienes o prestar servicios financiados con la donación; entregar la comercialización o distribución de tales bienes o servicios, en ambos casos cuando dichos bienes o servicios, o la operación encomendada, formen parte de la actividad económica del donante; efectuar publicidad, más allá de un razonable reconocimiento, cuando ésta signifique beneficios propios de una contraprestación bajo contratos remunerados y realizar cualquier mención en dicha publicidad, salvo el nombre y logo del donante, de los productos o servicios que éste comercializa o presta, o entregar bienes o prestar servicios financiados con las donaciones, cuando signifique beneficios propios de una contraprestación bajo contratos remunerados.

Ley 21440
Art. 1
D.O. 12.04.2022

Con todo, lo dispuesto en este artículo no se aplicará cuando las prestaciones efectuadas por las donatarias en favor del donante o sus relacionados de acuerdo a lo dispuesto en el número 17 del artículo 8 del Código Tributario, tengan un valor que no supere el 10 por ciento del monto donado, con un máximo de 50 Unidades Tributarias Mensuales en el año según su valor al mes de cierre del ejercicio respectivo, considerando para este efecto los valores corrientes en plaza de los respectivos bienes o servicios que reciba el donante con ocasión de la contraprestación.

El incumplimiento de la prohibición de este artículo hará perder el beneficio tributario obtenido al donante y a la entidad donataria, debiendo restituir aquella parte del impuesto a la renta o a las donaciones, respectivamente, que hubiere dejado de pagar, con los recargos y sanciones pecuniarias que correspondan de acuerdo al Código Tributario. Para este efecto, se considerará que el impuesto se encuentra en mora desde el término del período de pago correspondiente al año tributario en que debió haberse pagado el impuesto respectivo de no mediar el beneficio tributario.

El donante y la donataria serán sancionados con una multa del cincuenta por ciento al trescientos por ciento del impuesto que el donante hubiere dejado de pagar con motivo de la donación. La aplicación de esta sanción se sujetará al procedimiento establecido en el número 2° del artículo 165 del Código Tributario. Asimismo, resultará aplicable a las donaciones establecidas en este Título lo dispuesto en el numeral 24 del artículo 97 del Código Tributario.

Lo dispuesto en este artículo no obsta a la aplicación de las demás sanciones que procedan tanto para el donante como el donatario en conformidad al Código Tributario.

Ley 21440
Art. 1
D.O. 12.04.2022

**Artículo 46 J.-** Otras prohibiciones. Las donatarias y sus relacionadas no podrán remunerar los servicios que les presten sus integrantes, asociados, directores, ejecutivos o del cónyuge, conviviente civil o parientes hasta el segundo grado de consanguinidad o por afinidad de las personas mencionadas, a valores superiores a los normales de mercado o de los que normalmente se cobren en convenciones de similar naturaleza, considerando las circunstancias en que se realiza la operación. En la celebración o autorización del acto o contrato respectivo deberá abstenerse de participar el integrante, asociado, director o ejecutivo que contrata con la entidad donataria, o sus relacionados en los términos expuestos en este artículo. Cualquier otro beneficio económico obtenido por las personas indicadas deberá cumplir con los requisitos y condiciones expuestas. Asimismo, las donatarias deberán cumplir con la obligación establecida en el artículo 551-1 del Código Civil.

**Artículo 46 K.-** Fiscalización. La fiscalización de lo dispuesto en este Título corresponderá a la Secretaría Técnica, sin perjuicio de las facultades legales que le corresponden al Servicio de Impuestos Internos en lo relativo a la fiscalización de las materias tributarias propias de su competencia que digan relación con los artículos 46 B, 46 C, 46 E, 46 I y 46 J y con los números 1, 4 y 5 del artículo 46 H.

Ley 21440
Art. 1
D.O. 12.04.2022

Para llevar a cabo la fiscalización, la Secretaría Técnica podrá solicitar a las entidades inscritas en el registro la información que estime necesaria para verificar el cumplimiento de las obligaciones de este Título.

El Servicio de Impuestos Internos deberá comunicar a la Secretaría Técnica, en la forma y plazo que determine mediante resolución, el incumplimiento que detecte de las obligaciones establecidas en este Título en el ejercicio de sus facultades de fiscalización.

## TÍTULO IX
## Del Cobro Judicial

**Artículo 47.-** Para efectos del cobro judicial de las patentes, derechos y tasas municipales, tendrá mérito ejecutivo el certificado que acredite la deuda emitido por el secretario municipal. La acción se deducirá ante el tribunal ordinario competente y se someterá a las normas del juicio ejecutivo establecidas en el Código de Procedimiento Civil.

Lo dispuesto en el inciso precedente, es sin perjuicio de las sanciones que correspondan aplicarse por el juez de policía local correspondiente.

La cobranza administrativa y judicial del impuesto territorial se regirá por las normas contenidas en el Título V del Libro III del Código Tributario.

**Artículo 48.-** El contribuyente que se constituyere en mora de pagar las prestaciones señaladas en el artículo anterior, quedará obligado, además, al pago de los reajustes e intereses en la forma y condiciones establecidas en los artículos 53, 54 y 55 del Código Tributario.

## TÍTULO X
## Sanciones

**Artículo 49.-** El propietario o conductor de un vehículo que fuere sorprendido sin haber pagado el permiso de circulación o con dicho permiso vencido, incurrirá en una multa de hasta el 35% de lo que corresponda pagar por ese concepto.

**Artículo 50.-** La persona que al solicitar o renovar el permiso de circulación de un vehículo motorizado, falseare los datos relativos a la entidad del dueño o las características, especificaciones y, en general, cualquier otro antecedente del vehículo que corresponda considerar para los efectos de aplicar los impuestos a que se refiere este decreto ley, será sancionada, sin perjuicio de las penas que procedan conforme a otras disposiciones legales, con una multa equivalente al triple del valor del impuesto por permiso de circulación, a beneficio municipal.

**Artículo 51.-** El propietario de un vehículo que llevare una placa de matrícula o distintivo otorgados a otro vehículo, será castigado con una multa equivalente al 200% del valor del permiso de circulación que corresponda al vehículo.

Lo anterior es sin perjuicio de las acciones penales que procedieren.

**Artículo 52.-** Los contribuyentes a que se refiere el artículo 24.- que no hubieren hecho sus declaraciones dentro de los plazos establecidos por la presente ley, pagarán a título de multa un cincuenta por ciento sobre el valor de la patente, la que se cobrará conjuntamente con esta última.

**Artículo 53.-** El contribuyente cuya declaración constituyere engaño respecto al monto de su capital propio, o que adulterare o se negare a proporcionar los antecedentes de que tratan los artículos 24.- y 25, será sancionado con una multa de hasta el 200% del valor que correspondiere a la patente respectiva.

El contribuyente que entregare declaraciones falsas respecto de las autorizaciones sanitarias señaladas en el artículo 26 o no cesare sus actividades cuando la patente hubiere caducado será castigado con una multa de hasta el 200% del valor de la patente, sin perjuicio de lo que dispongan las demás normas de este Título, en lo que sean aplicables.

Ley 20494
Art. 1 Nº 3
D.O. 27.01.2011

**Artículo 54.-** Dictada la resolución condenatoria, en los casos del artículo precedente, el juez enviará copia de ella a la municipalidad, para los efectos pertinentes.

**Artículo 55.-** Las sanciones a que se refieren los artículos precedentes podrán hacerse efectivas contra cualquiera de las personas a que se refiere el artículo 31.- de la presente ley.

Lo mismo será aplicable a los administradores de hoteles o establecimientos similares, cuando se compruebe el ejercicio público en esos lugares, de cualquier actividad gravada con patente, sin contar con la correspondiente autorización municipal.

**Artículo 56.-** Las infracciones a la presente ley no sancionadas especialmente serán castigadas con una multa de hasta el equivalente a tres unidades tributarias mensuales.

**Artículo 57.-** De todas las infracciones contempladas en las disposiciones que preceden, conocerán en la forma ordinaria los juzgados de policía local o los que los reemplacen.

**Artículo 58.-** La mora en el pago de la contribución de la patente de cualquier negocio, giro o establecimiento sujeto a dicho pago, facultará al alcalde para decretar la inmediata clausura de dicho negocio o establecimiento, por todo el tiempo que dure la mora y sin perjuicio de las acciones judiciales que correspondiere ejercitar para obtener el pago de lo adeudado.

Del mismo modo, podrá el alcalde decretar la clausura de los negocios sin patente o cuyos propietarios no enteren oportunamente las multas que les fueren impuestas en conformidad con los artículos precedentes.

La violación de la clausura decretada por el alcalde será sancionada con una multa de hasta el equivalente a cinco unidades tributarias mensuales cada vez que sea sorprendido abierto el local o ejerciendo el giro.

**Artículo 58 bis.-** Las propiedades abandonadas, con o sin edificaciones, ubicadas en áreas urbanas, pagarán, a título de multa a beneficio municipal, el 5% anual calculado sobre el avalúo fiscal total de la propiedad.

LEY 20033
Art. 4º Nº 15
D.O. 01.07.2005

Se entenderá por propiedad abandonada, el inmueble no habitado que se encuentre permanentemente desatendido, ya sea por falta de cierros, protecciones adecuadas, aseo o mantención, o por otras circunstancias manifiestas de abandono o deterioro que afecten negativamente su entorno inmediato.

Las municipalidades estarán facultadas para declarar como "propiedad abandonada" a los inmuebles que se encuentren en tal situación, mediante decreto alcaldicio fundado. Dicho decreto deberá ser notificado al propietario del inmueble afectado, a fin de que ejerza, si procediere, el recurso de reclamación que prevé la Ley Orgánica Constitucional de Municipalidades, y, además, publicado en la página web de la respectiva municipalidad y, en caso de no contar con ella, en el portal de internet de la Subsecretaría de Desarrollo Regional y Administrativo. Un extracto del decreto, con la individualización del propietario y la ubicación del inmueble, deberá publicarse en un diario regional de circulación en la respectiva comuna o, en su defecto, en uno de circulación nacional. Si el propietario no fuere habido, la publicación en el diario hará las veces de notificación.

LEY 20280
Art. 2º Nº 9 a)
D.O. 04.07.2008

Asimismo, una vez decretada la calidad de "propiedad abandonada", las municipalidades estarán facultadas para intervenir en ella, pero sólo con el propósito de su cierro, higiene o mantención general. El costo que las obras y las publicaciones referidas en el inciso anterior impliquen para el municipio será de cargo del propietario, pudiendo el municipio repetir en contra de éste.

LEY 20280
Art. 2º Nº 9 b)
D.O. 04.07.2008

La aplicación de lo dispuesto en este artículo se regulará mediante reglamento expedido a través del Ministerio de la Vivienda y Urbanismo.

Lo dispuesto en el presente artículo también se aplicará por las municipalidades tratándose de los bienes raíces regulados en el artículo 8º de la ley Nº 17.235, que se encuentren en similares condiciones de abandono. En el caso de pozos lastreros, se les considerará abandonados cuando no cuenten con un plan de manejo y cierre debidamente autorizado o, teniéndolo, no lo cumplan en los términos aprobados, en cuyo caso la multa a que se refiere el inciso primero será de un 10% anual.

LEY 20280
Art. 2º Nº 9 c)
D.O. 04.07.2008

## TÍTULO XI
## Disposiciones Generales

**Artículo 59.-** El monto de los impuestos y derechos establecidos en esta ley, así como el de los derechos y demás gravámenes a beneficio municipal que se contemplen en cualesquiera otras disposiciones, que no se encuentren expresados en porcentajes, se reajustará semestralmente, dentro de los primeros quince días de los meses de enero y julio, aplicándose la misma variación experimentada por el Indice de Precios al Consumidor o el que lo sustituya en el semestre anterior, cálculo en el cual se depreciarán las fracciones de centavos.

**Artículo 60.-** Los recursos del Fondo Común Municipal, impuesto territorial, impuesto por transferencia de vehículos con permiso de circulación y derecho de aseo recaudados por el Servicio de Tesorerías, incluidos intereses penales, reajustes y demás prestaciones anexas que se hubieren pagado por los contribuyentes, serán entregados a las municipalidades respectivas por la Tesorería Regional o Provincial, según corresponda, de acuerdo con el siguiente procedimiento:

a) El Fondo Común Municipal se entregará en dos remesas mensuales. La primera de ellas, dentro de los primeros quince días de cada mes, y corresponderá a un anticipo de, a lo menos, un 80% de los recursos recaudados en el mes anterior del año precedente, y la segunda, dentro de los últimos quince días de cada mes, y corresponderá a la recaudación efectiva del mes anterior, descontando el monto distribuido como anticipo.

b) El impuesto territorial se entregará dentro de los treinta días posteriores al mes de recaudación. Sin perjuicio de ello, a las municipalidades se les otorgará un anticipo de, a lo menos, un 70% de dichas recaudaciones, en los primeros quince días de los meses de mayo, julio, octubre y diciembre. El saldo se entregará dentro de los últimos quince días de los citados meses y corresponderá a la recaudación efectiva del mes anterior, descontado el monto distribuido como anticipo.

c) El derecho de aseo y el impuesto por transferencia de vehículos con permiso de circulación se entregará dentro de los treinta días posteriores al mes de recaudación.

Corresponderá a la Subsecretaría de Desarrollo Regional y Administrativo del Ministerio del Interior y el Servicio de Tesorerías precisar, en el mes de diciembre de cada año, las fechas y montos por distribuir en calidad de anticipo del Fondo Común Municipal y del ingreso que le corresponde percibir directamente a las municipalidades por impuesto territorial. Dicho calendario se comunicará a cada municipalidad, a más tardar, en el mes de diciembre de cada año, por la Subsecretaría de Desarrollo Regional y Administrativo.

LEY 20280
Art. 2° N° 10 a)
D.O. 04.07.2008

Para dichos efectos, las municipalidades deberán informar trimestralmente a la Subsecretaría de Desarrollo Regional y Administrativo, en las condiciones, formatos y medios que ésta determine y, de ser necesario, proporcione, respecto de la recaudación de recursos a que se refieren los números 2, 3 y 6 del inciso tercero del artículo 14 de la ley N° 18.695, Orgánica Constitucional de Municipalidades.

LEY 20280
Art. 2° N° 10 b)
D.O. 04.07.2008

La información correspondiente deberá ser enviada, a más tardar, el séptimo día hábil del mes siguiente de terminado el respectivo trimestre.

En caso de incumplimiento de esta obligación, el Servicio de Tesorerías, a solicitud de la Subsecretaría, se abstendrá de efectuar las remesas por anticipos del Fondo Común Municipal, mientras la municipalidad respectiva no cumpla con la obligación establecida en el inciso anterior.

En caso de producirse diferencias entre los montos anticipados en cada mes y la recaudación efectiva del mes anterior, el Servicio de Tesorerías efectuará los ajustes en la o las remesas posteriores, informando de ello a las municipalidades involucradas.

LEY 20280
Art. 2° N° 10 c)
D.O. 04.07.2008

Sin perjuicio de las responsabilidades que correspondan, si el Servicio de Tesorerías entrega tanto el Fondo Común Municipal como el Impuesto Territorial y el derecho de aseo fuera de los plazos señalados en los incisos anteriores, deberán liquidarlos reajustándolos de conformidad a la variación que haya experimentado el Índice de Precios al Consumidor entre la fecha límite de entrega y la de pago efectivo.

**Artículo 60 bis.-** Con el objeto de asegurar el oportuno pago de las cotizaciones previsionales, la Superintendencia de Pensiones deberá informar, trimestralmente, a la Subsecretaría de Desarrollo Regional y Administrativo respecto de las cotizaciones previsionales impagas que las municipalidades y corporaciones municipales mantengan respecto de los funcionarios municipales y trabajadores de los servicios de las áreas de educación y salud, traspasados a ellas en virtud de lo dispuesto en el decreto con fuerza de ley N° 1-3.063, de 1980, del Ministerio del Interior.

Ley 20742
Art. 3
D.O. 01.04.2014

Sobre la base de la información remitida por la Superintendencia de Pensiones, y cuando se observaren retrasos por parte de las municipalidades en el pago de cotizaciones previsionales, dicha Subsecretaría solicitará al Servicio de Tesorerías que se abstenga de efectuar las remesas por anticipos del Fondo Común Municipal, mientras la municipalidad respectiva no cumpla con la obligación señalada. El Servicio de Tesorerías, previo a resolver, notificará al municipio respectivo, el que tendrá quince días para presentar sus descargos.

**Artículo 61.-** Los pagos por aportes que las municipalidades deban enterar al Fondo Común Municipal deberán ser efectuados en las oficinas bancarias u otras entidades o lugares autorizados por el Servicio de Tesorerías, a más tardar el quinto día hábil del mes siguiente al de la recaudación respectiva.

LEY 20237
Art. 1° N° 3
D.O. 24.12.2007

Sin perjuicio de las responsabilidades que correspondan, las municipalidades que no enteren dichos pagos dentro del plazo señalado, deberán pagarlos exclusivamente en las Tesorerías Regionales o Provinciales del país, y demás lugares que determine el Servicio de Tesorerías. Las referidas Tesorerías deberán liquidar los aportes morosos, reajustados de conformidad con la variación que haya experimentado el índice de precios al consumidor entre la fecha de vencimiento y la de pago efectivo, y estarán afectos, además, a un interés de uno y medio por ciento mensual. Este interés se calculará sobre los valores reajustados en la forma señalada precedentemente.

**Artículo 62.-** Serán aplicables respecto del pago de toda clase de impuestos, contribuciones, o derechos municipales, las normas de los artículos 50.- y 192, del Código Tributario.

**Artículo 63.-** El plazo para el pago de todos los impuestos, contribuciones, o derechos municipales, cuyo vencimiento se produzca en un día sábado o festivo, se prorrogará hasta el próximo día hábil siguiente.

**Artículo 64.-** Previo al pago de los impuestos, gravámenes y demás derechos establecidos en esta ley, el contribuyente deberá exhibir obligatoriamente ante el funcionario de la tesorería municipal su cédula del Rol Único Tributario y cuando se trate de la primera patente comercial, el comprobante de iniciación de actividades ante el Servicio de Impuestos Internos.

LEY 20033
Art. 4° N° 16
D.O. 01.07.2005

**Artículo 65.-** Las disposiciones de la presente ley prevalecerán sobre cualquier otra que verse sobre las mismas materias; y, por tanto, quedan derogadas todas las normas, generales o especiales, que establezcan cuantías o procedimientos distintos para la determinación de patentes, derechos y demás gravámenes a beneficio municipal; o que fijen recargos o sobretasas de los mismos, aun cuando estos últimos tengan un beneficiario distinto de la municipalidad.

Declárase que se mantiene vigente el artículo 10.- del Decreto Ley N° 359, de 1974, y el artículo único del Decreto Ley N° 995, de 1975.

**Artículo 66.-** Facúltase a las municipalidades para que, una vez agotados los medios de cobro de toda clase de créditos, previa certificación del secretario municipal, mediante decreto alcaldicio, emitido con acuerdo del concejo, los declaren incobrables y los castiguen de su contabilidad una vez transcurrido, a lo menos, cinco años desde que se hicieron exigibles.

## ARTÍCULOS TRANSITORIOS

**Artículo 1°.-** No obstante lo expuesto en el artículo 4°.- de la presente ley, las concesiones de las termas medicinales vigentes al 1° de enero de 1980 a que se refiere dicha disposición legal no sufrirán modificaciones respecto de los términos en que fueron otorgadas. Sin embargo, las municipalidades quedan expresamente facultadas para convenir con los actuales concesionarios su modificación a fin de adecuar sus términos a lo expuesto en el artículo 4°.-

**Artículo 2°.-** La tasa de la patente a que se refiere el artículo 24.- será de un cinco por mil durante 1980, y hasta tanto las respectivas municipalidades no hagan uso de la facultad que les concede el último inciso de dicho artículo.

**Artículo 3°.-** Tratándose de los derechos que menciona el N° 1.- del artículo 41, la primera modificación o supresión se efectuará mediante ordenanzas que se dictarán y publicarán en el Diario Oficial, dentro del mes de julio de 1980, rigiendo en tal caso hasta el día 30 de dicho mes, las tasas establecidas en la Ley General de Urbanismo y Construcciones. Si no se hiciere uso de esta facultad, permanecerán rigiendo las tasas mencionadas, mientras no se dé aplicación al artículo 42.

**Artículo 4°.-** Las municipalidades tendrán el plazo de un año, a contar del 30 de junio de 1995, para hacer uso de la facultad que se les confiere en el artículo 9° del decreto ley N° 3.063, de 1979, sobre cobro directo o a través de terceros del derecho de aseo, respecto de los contribuyentes afectos al impuesto territorial. Durante dicho plazo continuará vigente el procedimiento de cobro de tal derecho conjuntamente con el boletín de pago de contribuciones de bienes raíces, salvo que se ejerza antes de dicho término la referida facultad.

**Artículo 5°.-** La primera aplicación de la nueva distribución del Fondo Común Municipal se efectuará de acuerdo al siguiente procedimiento:

a) La distribución del 90% del Fondo Común Municipal, comenzará a regir a contar del 1° de julio de 1995 y, por única vez, por un período de tres años y medio a contar de dicha fecha, esto es, con vigencia hasta el 31 de diciembre de 1998.

b) La distribución del 10% del Fondo Común Municipal, comenzará a regir a contar del 1° de julio de 1995 y, por única vez, por un período de seis meses a contar de dicha fecha, esto es, con vigencia hasta el 31 de diciembre de 1995.

**Artículo 6°.-** Para los efectos de la aplicación de lo dispuesto en el artículo 39 de esta ley durante el año 2005, el monto global por concepto del aporte adicional que las municipalidades de Providencia, Vitacura y Las Condes deben efectuar al Fondo Común Municipal, será de 35.000 unidades tributarias mensuales, distribuido en la forma indicada en el mencionado artículo.

LEY 20085
Art. único
D.O. 22.12.2005

En el caso que los municipios opten, en el año 2005, por efectuar aportes equivalentes a la Corporación Cultural de la Municipalidad de Santiago, según lo dispuesto en el inciso segundo del referido artículo 39, aquellos podrán ser enterados en la forma y en la oportunidad que se establezca en el convenio que se suscriba al efecto entre los municipios que opten por esa modalidad y la citada Corporación.

Con todo, a contar del año 2006, los aportes que cada una de las municipalidades indicadas deba efectuar al Fondo Común Municipal, serán integrados de acuerdo con lo dispuesto por el mencionado artículo 39.

Anótese, tómese razón y publíquese.- EDUARDO FREI RUIZ-TAGLE, Presidente de la República.- Carlos Figueroa Serrano, Ministro del Interior.- Eduardo Aninat Ureta, Ministro de Hacienda.-

Lo que transcribo a usted, para su conocimiento. Saluda a Ud., Marcelo Schilling Rodríguez, Subsecretario de Desarrollo Regional y Administrativo.

# RESOLUCIÓN 1401 EXENTA DICTA NORMAS SOBRE CONDONACIÓN DE DEUDAS PARA CONTRIBUYENTES

Esta norma ha sido derogada el 01-MAR-2016. 08-MAR-2016

**RESOLUCIÓN 340 EXENTA - ARTÍCULO 17**

**DICTA NORMAS SOBRE CONDONACIÓN DE DEUDAS PARA CONTRIBUYENTES**

TESORERÍA GENERAL DE LA REPÚBLICA

DEJA SIN EFECTO, DEROGAR NORMA

Parte Modificada: Resolución 1401 EXENTA

Fecha Publicación: 08-MAR-2016 | Fecha Promulgación: 26-FEB-2016

Tipo Versión: Texto Original De: 01-MAR-2016

Inicio Vigencia: 01-MAR-2016

Fin Vigencia: 15-AGO-2017

Url Corta: https://bcn.cl/2h3j7

Núm. 340 exenta.- Santiago, 26 de febrero de 2016.

Vistos:
Lo dispuesto en el artículo 192 del Código Tributario, modificado por el artículo 10 número 34 de la ley N° 20.780 de 2014 y la resolución N° 1.600, de 2008, de la Contraloría General de la República, y el decreto supremo N° 1.600, de 13 de octubre de 2014, del Ministerio de Hacienda, dicto la siguiente, Resolución:

En el uso de la facultad para condonar total o parcialmente los intereses y sanciones por la mora en el pago de los impuestos sujetos a la cobranza administrativa y judicial, que le otorga el Código Tributario al Tesorero General de la República, se deberán aplicar las siguientes normas o criterios para determinar el monto de la condonación a que tendrán derecho los contribuyentes:

## TÍTULO I
### Condonación en el caso de deudas por concepto de impuestos y contribuciones, y otros créditos fiscales, sujetos a cobranza administrativa y judicial

**Artículo 1°.-** La condonación de intereses y sanciones pecuniarias que se aplique a los contribuyentes por las infracciones a las normas tributarias, ya sea por concepto de impuestos o contribuciones, y otros créditos fiscales, respecto de una deuda cuya antigüedad sea menor o igual a tres meses, se sujetará a las siguientes normas o criterios:

a) Para aquellos pagos de contado, se podrán otorgar los siguientes porcentajes de condonación:

1. En caso de pago total de la deuda tributaria morosa, la condonación será de hasta un 75%, si el pago se hace en forma presencial. En el evento de que el pago se realice por internet, usando el portal de pagos del Servicio de Tesorerías, dicha condonación será de hasta un 80%.

2. En caso de pago total de uno o más folios, la condonación será de hasta un 60% de intereses y multas si el pago se hace en forma presencial. En el evento de que el pago se realice por internet, usando el portal de pagos del Servicio de Tesorerías, dicha condonación será de hasta 70%.

3. En caso de pagos parciales, que conforme al artículo 50 del Código Tributario se considerarán abonos a la deuda, la condonación será de hasta un 40%.

b) El Servicio de Tesorerías podrá autorizar convenios de pago, en conformidad al artículo 192 del Código Tributario, con el porcentaje de condonación que se fija más adelante, sólo si en dichos convenios se establece el pago de la deuda tributaria en cuotas periódicas, sin perjuicio de convenirse un pago de contado por un monto diferente al valor de la cuota. Estos convenios se podrán otorgar con los siguientes porcentajes de condonación:

1. Condonación de hasta un 50% sobre intereses y multas, según el número de cuotas pactadas, en caso que el convenio de pago incluya la totalidad de la deuda tributaria del contribuyente. Si el contribuyente realiza un convenio de pago con hasta la mitad de las cuotas que les corresponde, conforme a la resolución del Servicio de Tesorerías Nº 1.968 de fecha 21 de diciembre de 2015, el porcentaje de condonación será de hasta un 55%. No obstante lo anterior, si el convenio se celebra en un máximo de 3 cuotas (incluido el pie inicial en estas 3 cuotas), el porcentaje de condonación será de hasta un 60%.

2. Condonación de hasta un 40% sobre intereses y multas, según el número de cuotas pactadas, en caso que el convenio sea parcial, esto es, no considere la totalidad de la deuda tributaria del contribuyente. Si el contribuyente realiza un convenio de pago con hasta la mitad de las cuotas que les corresponde, conforme a la resolución del Servicio de Tesorerías Nº 1.968 de fecha 21 de diciembre de 2015, el porcentaje de condonación será de hasta un 45%. No obstante lo anterior, si el convenio se celebra en un máximo de 3 cuotas (incluido el pie inicial en estas 3 cuotas), el porcentaje de condonación será de hasta un 50%.

**Artículo 2º.-** La condonación de intereses y sanciones pecuniarias que se aplique a los contribuyentes por las infracciones a las normas tributarias, ya sea por concepto de impuestos o contribuciones, y otros créditos fiscales, respecto de una deuda cuya antigüedad sea igual o superior a cuatro meses y hasta 12 meses, se sujetará a las siguientes normas o criterios:

a) Para aquellos pagos de contado, se podrán otorgar los siguientes porcentajes de condonación:

1. En caso de pago total de la deuda tributaria morosa, la condonación será de hasta un 70%, si éste es presencial. En el evento de que el pago se realice por internet, usando el portal de pagos del Servicio de Tesorerías, dicha condonación será de hasta un 75%.

2. En caso de pago total de uno o más folios, la condonación será de hasta un 50% de intereses y multas, si éste es presencial. En el evento de que el pago se realice por internet, usando el portal de pagos del Servicio de Tesorerías, dicha condonación será de hasta 60%.

3. En caso de pagos parciales, conforme al artículo 50 del Código Tributario, se considerarán abonos a la deuda y la condonación será de hasta un 30%.

b) El Servicio de Tesorerías podrá autorizar convenios de pago, en conformidad al artículo 192 del Código Tributario, con el porcentaje de condonación que se fija más adelante, sólo si en dichos convenios se establece el pago de la deuda tributaria en cuotas periódicas, sin perjuicio de convenirse un pago de contado por un monto diferente al valor de la cuota. Estos convenios se podrán otorgar con los siguientes porcentajes de condonación:

1. Condonación de hasta un 40% sobre intereses y multas, según el número de cuotas pactadas, en caso que el convenio de pago incluya la totalidad de la deuda tributaria del contribuyente. Si el contribuyente realiza un convenio de pago con hasta la mitad de las cuotas que les corresponde, conforme a la resolución del Servicio de Tesorerías N° 1.968 de fecha 21 de diciembre de 2015, el porcentaje de condonación será de hasta un 45%. No obstante lo anterior, si el convenio se celebra en un máximo de 3 cuotas (incluido el pie inicial en estas 3 cuotas), el porcentaje de condonación será de hasta un 50%.

2. Condonación de hasta un 30% sobre intereses y multas, según el número de cuotas pactadas; en caso que el convenio sea parcial, esto es, no considere la totalidad de la deuda tributaria del contribuyente. Si el contribuyente realiza un convenio de pago con hasta la mitad de las cuotas que les corresponde, conforme a la resolución del Servicio de Tesorerías N° 1.968 de fecha 21 de diciembre de 2015, el porcentaje de condonación será de hasta un 35%. No obstante lo anterior, si el convenio se celebra en un máximo de 3 cuotas (incluido el pie inicial en estas 3 cuotas), el porcentaje de condonación será de hasta un 40%.

**Artículo 3°.-** La condonación de intereses y sanciones pecuniarias que se aplique a los contribuyentes por las infracciones a las normas tributarias, ya sea por concepto de impuestos o contribuciones, y otros créditos fiscales, respecto de una deuda cuya antigüedad sea igual o superior a trece meses y hasta 24 meses, se sujetará a las siguientes normas o criterios:

a) Para aquellos pagos de contado, se podrán otorgar los siguientes porcentajes de condonación:

1. En caso de pago total de la deuda tributaria morosa, la condonación será de hasta un 68%, si éste es presencial. En el evento de que el pago se realice por internet, usando el portal de pagos del Servicio de Tesorerías, dicha condonación será de hasta un 73%.

2. En caso de pago total de uno o más folios, la condonación será de hasta un 50% de intereses y multas si este es presencial. En el evento de que el pago se realice por internet, usando el portal de pagos del Servicio de Tesorerías, dicha condonación será de hasta 55%.

3. En caso de pagos parciales, que conforme al artículo 50 del Código Tributario se considerarán abonos a la deuda, la condonación será de hasta un 30%.

b) El Servicio de Tesorerías podrá autorizar convenios de pago, en conformidad al artículo 192 del Código Tributario, con el porcentaje de condonación que se fija más adelante, sólo si en dichos convenios se establece el pago de la deuda tributaria en cuotas periódicas, sin perjuicio de convenirse un pago de contado por un monto diferente al valor de la cuota. Estos convenios se podrán otorgar con los siguientes porcentajes de condonación:

1. Condonación de hasta un 40% sobre intereses y multas, según el número de cuotas pactadas, en caso que el convenio de pago incluya la totalidad de la deuda tributaria del contribuyente. Si el contribuyente realiza un convenio de pago con hasta la mitad de las cuotas que les corresponde, conforme a la resolución del Servicio de Tesorerías N° 1.968 de fecha 21 de diciembre de 2015, el porcentaje de condonación será de hasta un 45%. No obstante lo anterior, si el convenio se celebra en un máximo de 3 cuotas (incluido el pie inicial en estas 3 cuotas), el porcentaje de condonación será de hasta un 50%.

2. Condonación de hasta un 30% sobre intereses y multas, según el número de cuotas pactadas, en caso que el convenio sea parcial, esto es, no considere la totalidad de la deuda tributaria del contribuyente. Si el contribuyente realiza un convenio de pago con hasta la mitad de las cuotas que les corresponde, conforme a la resolución del Servicio de Tesorerías N° 1.968 de fecha 21 de diciembre de 2015, el porcentaje de condonación será de hasta un 35%. No obstante lo anterior, si el convenio se celebra en un máximo de 3 cuotas (incluido el pie inicial en estas 3 cuotas), el porcentaje de condonación será de hasta un 40%.

**Artículo 4º.-** La condonación de intereses y sanciones pecuniarias que se aplique a los contribuyentes por las infracciones a las normas tributarias, ya sea por concepto de impuestos o contribuciones, y otros créditos fiscales, respecto de una deuda cuya antigüedad sea superior a 24 meses, se sujetará a las siguientes normas o criterios:

a) Para aquellos pagos de contado, se podrán otorgar los siguientes porcentajes de condonación:

1. En caso de pago total de la deuda tributaria morosa, la condonación será de hasta un 60% si es presencial. En el evento de que el pago se realice por internet, usando el portal de pagos del Servicio de Tesorerías, dicha condonación será de hasta un 65%.

2. En caso de pago total de uno o más folios, la condonación será de hasta un 40% de intereses y multas si es presencial. En el evento de que el pago se realice por internet, usando el portal de pagos del Servicio de Tesorerías, dicha condonación será de hasta 50%.

3. En caso de pagos parciales, que conforme al artículo 50 del Código Tributario se considerarán abonos a la deuda, la condonación será de hasta un 25%.

b) El Servicio de Tesorerías podrá autorizar convenios de pago, en conformidad al artículo 192 del Código Tributario, con el porcentaje de condonación que se fija más adelante, sólo si en éstos se establece el pago de la deuda tributaria en cuotas periódicas, sin perjuicio de convenirse un pago de contado por un monto diferente al valor de la cuota. Estos convenios se podrán otorgar con los siguientes porcentajes de condonación:

1. Condonación de hasta un 30% sobre intereses y multas, según el número de cuotas pactadas, en caso que el convenio de pago incluya la totalidad de la deuda tributaria del contribuyente. Si el contribuyente realiza un convenio de pago con hasta la mitad de las cuotas que les corresponde, conforme a la resolución del Servicio de Tesorerías Nº 1.968 de fecha 21 de diciembre de 2015, el porcentaje de condonación será de hasta un 35%. No obstante lo anterior, si el convenio se celebra en un máximo de 3 cuotas (incluido el pie inicial en estas 3 cuotas), el porcentaje de condonación será de hasta un 40%.

2. Condonación de hasta un 25% sobre intereses y multas, según el número de cuotas pactadas, en caso que el convenio sea parcial, esto es, no considere la totalidad de la deuda tributaria del contribuyente. Si el contribuyente realiza un convenio de pago con hasta la mitad de las cuotas que les corresponden, conforme a la resolución del Servicio de Tesorerías Nº 1.968 de fecha 21 de diciembre de 2015, el porcentaje de condonación será de hasta un 30%. No obstante lo anterior, si el convenio se celebra en un máximo de 3 cuotas (incluido el pie inicial en estas 3 cuotas), el porcentaje de condonación será de hasta un 35%.

**Artículo 5º.-** Los porcentajes de condonación establecidos en los artículos precedentes se podrán aplicar por el Servicio de Tesorerías a todos los giros de impuestos, a contar de la fecha de emisión del giro efectuado por el Servicio de Impuestos Internos, el Servicio Nacional de Aduanas u otro ente girador, y aplicarán a los intereses del artículo 53 del Código Tributario y a las multas accesorias al pago de impuestos establecidas en el artículo 97 Nº 2 y 97 Nº 11 de aquel cuerpo legal, además de cualquier otro recargo legal respecto del cual, el Servicio de Tesorerías tenga facultades para otorgar el beneficio de condonación.

Para efectos de computar el período de antigüedad de la deuda a que se refieren los artículos 1º al 4º de esta resolución, éste se considerará de meses completos, correspondiendo al mes "número uno" del mismo, aquel siguiente al mes de emisión de la deuda (código 215 del formulario), salvo que no exista o éste sea anterior a la fecha de vencimiento de la deuda (código 015 del formulario), en cuyo caso se contará el plazo de antigüedad, a partir del mes siguiente al de dicho vencimiento.

**Artículo 6º.-** En el caso de deudas de Crédito Fiscal Universitario del DFL Nº 4 de 1981, deudas de Crédito Universitario regido por la ley Nº 18.591 y deudas Ex-Cora regidas por la ley Nº 18.658, el Servicio de Tesorerías podrá otorgar hasta el 100% de condonación de intereses que afecten a aquellas deudas, sin perjuicio de las facultades especiales que en relación a estas deudas establezca la legislación vigente.

**Artículo 7º.-** El contribuyente que no dé cumplimiento a un convenio de pago suscrito, mediante el pago de la totalidad de sus cuotas, perderá el derecho a optar al beneficio de condonación de recargos legales a que se refiere esta resolución, por un año calendario.

**Artículo 8º.-** El Servicio de Tesorerías no podrá condonar los intereses y sanciones por la mora en el pago de los impuestos a los contribuyentes que el Servicio de Impuestos Internos le informe, mediante una nómina, que se encuentren en alguna de las siguientes situaciones particulares:

1. Contribuyentes que habiendo cometido infracción tributaria sancionada con multa y pena privativa de libertad, se determine por el Director del Servicio de Impuestos Internos enviar los antecedentes al Director Regional del mismo Servicio para ejercer el cobro civil de los impuestos.
2. Contribuyentes que entraban de cualquier forma la fiscalización del Servicio de Impuestos Internos.
3. Contribuyentes que se encuentren querellados por delitos tributarios.
4. Contribuyentes procesados o, en su caso, acusados conforme al Código Procesal Penal, o hayan sido sancionados por delitos tributarios hasta el cumplimiento total de su pena.
5. Contribuyentes que habiendo sido notificados, no hayan concurrido injustificadamente a la citación del Servicio de Impuestos Internos, después de la aplicada la sanción conforme al artículo 97 Nº 21 del Código Tributario.
6. Contribuyentes que se encuentren sometidos al proceso de recopilación de antecedentes previsto en el artículo 161 Nº 10 del Código Tributario.

En todos estos casos, los contribuyentes sólo podrán solicitar condonación ante el Director Regional que corresponda del Servicio de Impuestos Internos, el que actuará al respecto conforme a sus facultades legales.

En el caso de los números 3, 4, 5 y 6, los contribuyentes tampoco tendrán derecho a acceder a convenios de pago del artículo 192, inciso primero, del Código Tributario.

**Artículo 9º.-** Los contribuyentes que reclamen de la exclusión de la condonación, según la información que conste en la nómina emitida por el Servicio de Impuestos Internos de acuerdo al artículo 2º de esta resolución, deberán resolver o aclarar su situación en la Dirección Regional del Servicio de Impuestos Internos que corresponda.

**Artículo 10º.-** Las peticiones de contribuyentes solicitando la condonación de multas infraccionales que no accedan al pago de un impuesto, cuyos giros se encuentran en cobranza en Tesorerías, deberán ser resueltas por el correspondiente Director Regional del Servicio de Impuestos Internos.

**Artículo 11º.-** Se podrá aplicar la condonación que faculta esta resolución, a los giros que el Servicio de Tesorerías compense por su valor total o parcial, con créditos a favor del contribuyente, durante el período de vigencia de la condonación.

**Artículo 12º.-** Respecto de los pagos por concepto de impuestos y recargos, que de acuerdo al artículo 50 del Código Tributario se consideran como abonos a la deuda, el Servicio de Tesorerías podrá conceder la condonación que se autoriza en esta resolución.

## TÍTULO II
## Normas de excepción

**Artículo 13º.-** En los casos de sismo o calamidad pública, que dé lugar a la declaración del estado de excepción constitucional de catástrofe, se podrá otorgar hasta un 100% de condonación de intereses y multas que accedan a impuestos y contribuciones de los contribuyentes o inmuebles situados en las zonas geográficas afectadas, mediante la dictación de una resolución de general aplicación, según los criterios que en ella se determinen por el Tesorero General de la República.

**Artículo 14º.-** Las presentaciones de los contribuyentes solicitando fundadamente, una mayor condonación a la establecida, de los intereses y sanciones de giros en poder de Tesorería para su cobranza administrativa y judicial, serán resueltas por la Tesorería General de la República, salvo la excepción establecida en el artículo siguiente.

**Artículo 15º.-** Las solicitudes de una mayor condonación a la establecida en la regla general de la presente resolución, efectuadas por contribuyentes por deudas correspondientes a giros del Servicio de Impuestos Internos superiores a 2.500 UTM, deberán ser canalizadas y resueltas por el Tesorero General de la República, previo acuerdo del Director del Servicio de Impuestos Internos. Corresponderá al Tesorero General de la República dar respuesta al peticionario de lo resuelto sobre su solicitud. Ambos jefes de Servicio, de acuerdo a sus atribuciones, podrán delegar la intervención que les compete conforme a esta norma de excepción.

## TÍTULO III
## Vigencia

**Artículo 16º.-** Las normas o criterios de condonación contenidos en la presente resolución comenzarán a regir a contar del 1 de marzo de 2016, sin necesidad de esperar su total tramitación.

**Artículo 17º.-** Esta resolución deja sin efecto la resolución exenta del Servicio de Tesorerías Nº 1.401, de fecha 24 de septiembre de 2015.

Regístrese, anótese, comuníquese y publíquese.- Hernán Frigolet Córdova, Tesorero General de la República.

# DECRETO 484 | REGLAMENTO PARA LA APLICACIÓN DE LOS ARTÍCULOS 23° Y SIGUIENTES DEL TÍTULO IV DEL DL. N° 3.063, DE 1979

Santiago, 30 de Abril de 1980.- Hoy se decretó lo que sigue:

Núm. 484.- Vistos; el decreto ley N° 3.063, de 1979, y el DL. N° 527, de 1974,

Decreto:

Apruébase el siguiente Reglamento para la aplicación de los artículos 23° y siguientes del título IV del DL. N° 3.063, de 1979;

**Artículo 1°.-** Para los efectos del presente reglamento, se entenderá sin necesidad de mención expresa, que la referencia a la Ley o a números de artículos, corresponde al DL. N° 3.063 de 1979, y a sus disposiciones permanentes o transitorias, según el caso.

**Artículo 2°.-** Se entenderá por:

a) Actividades Primarias: Todas aquellas actividades económicas que consisten en la extracción de productos naturales, tales como agricultura, pesca, caza, minería, etc. Este concepto incluye, entre otras actividades, la crianza o engorda de animales. El concepto de actividad primaria se extiende a las labores de limpieza, selección y embalaje y demás que sean previas a éste, que efectúe directamente el dueño de los productos provenientes de la explotación de una actividad primaria. Asimismo se comprenden en este concepto, los actos tendientes a la liquidación y venta de los productos provenientes de alguna actividad primaria, efectuados directamente por el productor, aún cuando sean realizadas en oficinas o locales situados fuera del lugar de extracción, ya sean urbanos o rurales.

DTO 6955, INTERIOR
ART. ÚNICO, a)
D.O. 07.12.1999

b) Actividades Secundarias: Todas aquellas que Art. consisten en la transformación de materias primas en artículos, elementos o productos manufacturados o semifacturados y en general todas aquellas en que interviene algún proceso de elaboración, tales como industrias, fábricas, refinerías, ejecución y reparación de obras materiales, instalaciones, etc.

DTO 6955, INTERIOR
ART. ÚNICO, b)
D.O. 07.12.1999

c) Actividades Terciarias: Son aquellas que consisten en el comercio y distribución de bienes y en la prestación de servicios de todo tipo y, en general, toda actividad lucrativa que no quede comprendida en las primarias y secundarias, tales como comercio por mayor y menor, nacional o internacional, representaciones, bodegajes, financieras, servicios públicos o privados estén o no regulados por leyes especiales, consultorías, servicios auxiliares de la administración de justicia, docencia, etc.

**Artículo 3°.-** Son actividades primarias gravadas con patente municipal las que cumplan copulativamente con los siguientes requisitos:

DTO 6955, INTERIOR
ART. ÚNICO, c)
D.O. 07.12.1999

a) Que en la explotación medie algún proceso de elaboración de productos, aunque se trate de los exclusivamente provenientes del respectivo predio rústico, tales como aserraderos de maderas, labores de separación de escorias, moliendas o concentración de minerales y

b) Que tales productos elaborados se vendan directamente por los productores, en locales, puestos, quioscos o en cualquiera otra forma que permita su expendio también directamente al público o a cualquier comprador en general, no obstante que se realice en el mismo predio, paraje o lugar de donde se extraen, y aunque no constituyan actos de comercio los que se ejecuten para efectuar ese expendio directo.

**Artículo 4º.-** El valor de la patente municipal en los casos señalados en el artículo anterior de este Reglamento deberá calcularse sobre el capital propio destinado a la actividad gravada. Sin perjuicio de lo anterior, los contribuyentes que se encuentren en la situación del inciso quinto del artículo 24º de la Ley, pagarán la patente mínima.

DTO 3741, INTERIOR
Art. único c)
D.O. 09.02.1996

**Artículo 5º.-** En la determinación del capital propio a que se refiere el inciso 2º del artículo 24º de la Ley, los contribuyentes podrán deducir aquella parte de dicho capital que se encuentre invertida en otros negocios o empresas afectos al pago de patente municipal, lo que deberá acreditarse mediante contabilidad fidedigna. El monto del capital propio final será aquél al que se le haya descontado el valor de las correspondientes inversiones. Se entenderá por contabilidad fidedigna, aquella que se ajusta a las normas legales y reglamentarias vigentes y que registra fiel, cronológicamente y por su monto exacto, las operaciones, ingresos y desembolsos, inversiones y existencia de bienes relativos a las actividades del contribuyente, que den origen a las rentas efectivas que la ley obliga a acreditar. Además, los contribuyentes a que se refiere el inciso primero de este artículo, deberán acompañar a la declaración de capital propio, un certificado emitido por la respectiva empresa que acredite la inversión realizada en ella, valorada conforme al valor libro que tenga en la empresa receptora al 31 de diciembre del año inmediatamente anterior a la fecha de la declaración.

DTO 3741, INTERIOR
Art. único d) Nº 1
D.O. 09.02.1996
DTO 3741, INTERIOR
Art. único d) Nº 2
D.O. 09.02.1996

**Artículo 6º.-** Para la determinación de patentes mínimas y máximas, en el proceso de confección de nóminas o roles para el cobro a los contribuyentes ya establecidos, se tendrá como Unidad Tributaria la vigente en el mes de Mayo de cada año.

**Artículo 7º.-** De acuerdo a lo que dispone el inciso 2º del artículo 29º, en concordancia con el inciso 2º del artículo 24º y el inciso 2º del artículo 32º, las Municipalidades no podrán en caso alguno formular cobros adicionales al valor de las patentes que se determine según los dos últimos preceptos citados, ni conjunta ni separadamente, quedando comprendidos en dicha tributación todos los servicios que se prestan al contribuyente desde la autorización para funcionar, tales como inspecciones del local o de los antecedentes contables del negocio, controles de pesas, medidas, fiscalización de cualquier aspecto de la actividad gravada, etc., etc....; y entendiéndose que sólo son procedentes cobros distintos al que resulte de aplicar la respectiva tasa de la patente, cuando se autorice u ordene por una norma de carácter legal expresa, como el caso del derecho de aseo contemplado en el inciso 4° del artículo 9° de la ley.

DTO 3741, INTERIOR
Art. único e)
D.O. 09.02.1996

**Artículo 8º.-** En cumplimiento de lo previsto en el inciso 4° del artículo 24°, la Municipalidad hará la estimación respectiva, considerando como factor el último capital declarado, al cual se le aplicará un reajuste igual a la variación experimentada por el I.P.C entre la fecha del balance en que se acredite dicho capital y el 31 de Diciembre inmediatamente anterior a la fecha en que corresponde pagar la patente. Determinado así el monto del capital, la Municipalidad podrá presumir un mayor capital de hasta un 50%. Si se reitera la infracción en períodos sucesivos, se seguirá aplicando el mismo procedimiento indicado, tomando como base el último capital estimado.

Todo lo anterior, sin perjuicio de las sanciones contenidas en el artículo 53° de la Ley y de la facultad municipal y del derecho del contribuyente de comprobar por cualquier medio idóneo el monto del capital propio efectivo.

**Artículo 9º.-** Los contribuyentes que tengan sucursales, oficinas, establecimientos, locales u otras unidades de gestión empresarial, cualquiera que sea su naturaleza jurídica o importancia económica, realizarán el pago del monto total de la patente a que están afectos, en forma proporcional por cada una de las señaladas unidades.

DTO 3741, INTERIOR
Art. único f)
D.O. 09.02.1996

Para determinar la correspondiente proporcionalidad, se considerará el número de trabajadores que laboran en cada una de las respectivas unidades.

Se entiende por trabajadores, a todos aquellos que al momento de la declaración, sobre el número de ellos, se encuentren desempeñándose en la empresa respectiva, cualquiera sea su condición o forma de relación con ella.

La distribución de tales trabajadores, declarada para estos efectos, no se alterará en caso alguno durante el período referido en el inciso 1° del artículo 29 de la ley.

No obstante lo dispuesto en el inciso 3° de este artículo, en los casos de locales, agencias o sucursales atendidos sólo por el propio contribuyente o un socio, el cónyuge de ellos o parientes no vinculados por un contrato, para los efectos de la distribución del monto de la patente, serán considerados como trabajadores.

**Artículo 10º.-** El contribuyente deberá presentar a la municipalidad en que se encuentra ubicada su casa matriz, acompañada a la declaración de capital propio, una declaración en que conste el número total de trabajadores que laboran en cada una de las sucursales, oficinas, establecimientos, locales u otras unidades de gestión empresarial. Asimismo, deberá acompañar el balance de la empresa al 31 de diciembre del año inmediatamente anterior a la fecha de la declaración, salvo que no estuviere obligado a confeccionar un balance.

DTO 3741, INTERIOR
Art. único g)

D.O. 09.02.1996

El balance antes mencionado, es el elaborado para los efectos de la declaración de impuesto a la renta.

Considerando las declaraciones y antecedentes antes mencionados, la municipalidad donde se encuentra ubicada la casa matriz de la respectiva empresa, procederá a determinar el capital propio a distribuir entre las diferentes municipalidades donde la empresa tenga sucursales, oficinas, establecimientos, locales u otras unidades de gestión empresarial, y la proporción que en el valor de la patente le corresponderá pagar a cada unidad o establecimiento. La municipalidad antes mencionada, dentro de los veinte días siguientes a la fecha de vencimiento del plazo para presentar la declaración de capital propio deberá informar al resto de las municipalidades involucradas sobre las correspondientes proporciones en el monto de la patente y respecto de los antecedentes sobre los cuales se efectuó dicha determinación.

Estas mismas normas se aplicarán a los contribuyentes que inicien actividades, y en tal caso, el plazo del inciso tercero se contará desde la fecha de la declaración mencionada en el inciso primero del artículo 26 de la ley.

**Artículo 11º.-** Si un contribuyente estableciere una sucursal nueva con posterioridad al vencimiento del plazo establecido en el inciso 4º del artículo 24 de la Ley, no se alterará la distribución de trabajadores declarada para los efectos del inciso primero del artículo 25º, sin perjuicio de pagarse el valor por concepto de patente a la Municipalidad correspondiente a dicha nueva sucursal por el período que falte hasta el 30 de Junio inmediatamente siguiente, de acuerdo al número de trabajadores que efectivamente laboren en ese nuevo establecimiento. El contribuyente tendrá derecho a imputar este pago al valor que corresponda enterar en el próximo período.

**Artículo 12º.-** La solicitud de autorización para funcionar a que se refiere el artículo 26º de la Ley y que deben presentar los contribuyentes al iniciar un giro o actividad gravada con patente municipal, deberá contener los siguientes datos:

1) Personas Naturales: Individualización del contribuyente, nombres, apellidos, domicilio, rol único tributario.

Personas Jurídicas: Nombre o razón social, domicilio, rol único tributario e individualización del representante legal o administrador con los mismos requisitos señalados para las personas naturales.

Sin perjuicio de lo dispuesto en el artículo 31º de la Ley, para todos los efectos legales y administrativos, la Municipalidad tendrá por representantes o administradores de las personas jurídicas a aquellos que hubiere indicado el contribuyente en su declaración inicial, mientras no se acredite un cambio al respecto.

2) Ubicación precisa del establecimiento en que se desarrollará la actividad gravada.

3) Naturaleza o denominación de la actividad o giro principal que desarrollará.

4) Declaración jurada simple acerca del monto del capital propio del negocio.

5) Si se trata de un establecimiento que tenga sucursales según el inciso 1º del artículo 25º, incluirá una declaración del número total de sus trabajadores y la distribución de ellos entre los lugares de funcionamiento de la empresa o negocio.

**Artículo 13º.-** Recibida la solicitud, la Municipalidad otorgará patente definitiva en aquellos casos en que el solicitante cumpla con los requisitos legales y reglamentarios establecidos para el giro o actividad correspondiente. No obstante, podrá otorgar patente provisoria a nuevos establecimientos que cumplan con los requisitos de orden sanitario y de emplazamiento conforme a las normas sobre zonificación del Plan Regulador. En tal caso se otorgará dicha patente por un plazo que no podrá exceder de un año, contado desde la fecha de autorización y que no podrá ser renovado.

DTO 3741, INTERIOR
Art. único h)
D.O. 09.02.1996

**Artículo 14º.-** Las patentes deberán ser clasificadas en conformidad a la nomenclatura fijada por el Servicio de Impuestos Internos en el Clasificador de Actividades Económicas, según el rubro principal que declare el contribuyente.

Todo cambio de actividad principal, deberá ser previamente autorizado por el Municipio correspondiente.

**Artículo 15º.-** Las personas jurídicas sin fines de lucro, están exentas del pago de la contribución de patente municipal, sólo cuando tengan por objeto y realicen acciones de beneficencia, de culto religioso, culturales, de ayuda mutua de sus asociados, artísticas o deportivas no profesionales y de promoción de intereses comunitarios.

DTO 3741, INTERIOR
Art. único i) Nº 1
D.O. 09.02.1996

No regirá esta exención, si se ejercen de hecho, en forma exclusiva o complementaria, cualesquiera acciones que constituyan actividad gravada, tales como de producción o intermediación de bienes, de prestación de servicios, etc. para transferirlos y otorgarlos a título oneroso. En esos casos, para los efectos del cálculo de la patente municipal, se tendrá por capital propio aquel destinado a la actividad gravada en la proporción que corresponda.

No obstante, no quedarán afectas al pago de patente las personas jurídicas aludidas en esta disposición que ejerciendo las actividades a que se refiere el inciso anterior, inviertan la totalidad de los beneficios que obtengan en sus fines propios.

DTO 3741, INTERIOR
Art. único i) Nº 2
D.O. 09.02.1996

**Artículo 16º.-** La transferencia de establecimientos amparados por la patente municipal, debe registrarse en el Municipio dentro de los 30 días siguientes de producirse y se acreditará mediante el título correspondiente.

Conjuntamente con el registro señalado deberá efectuarse la declaración que dispone el artículo 24º de la ley y artículo 25º, en su caso. Si la transferencia se efectúa entre el 1º de Mayo y el 30 de Junio o entre el 1º Julio y el 31 de Diciembre, la primera cuota de la patente que debe pagarse dentro del mes de Julio o la segunda que debe pagarse dentro del mes de Enero siguiente, respectivamente, permanecerán en su mismo valor, no obstante cualquiera variación que se introduzca en el monto del capital del establecimiento transferido.

En el primer caso el valor de la patente se adecuará al nuevo monto del capital en el pago de la segunda cuota por enterarse en el mes de Enero; y en el segundo, se ajustará dicho valor en la cuota por pagarse en el mes de Julio siguiente, en conformidad a la declaración ordinaria que corresponde presentar dentro del mes de Abril respectivo.

Si la patente se hubiere pagado en su monto total anual al contado se aplicará siempre la última norma del inciso precedente, cualesquiera que sea la época de la transferencia.

No se aplicará derecho alguno que grave la transferencia o transmisión de empresas o negocios.

**Artículo 17º.-** Los profesionales que ejerzan una actividad gravada en la primera categoría del Impuesto a la Renta, estarán afectos por esta actividad desarrollada, al pago de la patente municipal señalada en el artículo 24º, sin perjuicio de la que le corresponda pagar de acuerdo a lo que dispone el artículo 32º.

**Artículo 18º.-** Las patentes de los establecimientos de expendio de bebidas alcohólicas, serán otorgadas por decreto alcaldicio, previo informe del departamento correspondiente. La clasificación de ellas y su otorgamiento se hará en conformidad a las normas de la ley Nº 17.105 y sus reglamentos. Estos establecimientos pagarán al Municipio de acuerdo a su clasificación, los valores contemplados en el artículo 140º de la ley Nº 17.105, sin perjuicio de la contribución señalada en el artículo 24º de la ley. Esta clase de establecimientos quedarán afectos a todas las normas sobre sanciones que respectivamente se contemplan en ambas leyes.

DTO 3741, INTERIOR
Art. único j)
D.O. 09.02.1996

Tómese razón, regístrese y publíquese.- AUGUSTO PINOCHET UGARTE, General de Ejército, Presidente de la República.- Sergio Fernández Fernández, Ministro del Interior.- Sergio de Castro Spikula, Ministro de Hacienda.

Lo que transcribo a Ud. para su conocimiento.- Saluda a Ud.- Enrique Montero Marx, Coronel de Aviación (J), Subsecretario del Interior.

CONTRALORIA GENERAL DE LA REPÚBLICA

Departamento Jurídico

Cursa con alcance decreto 484, de 1980, del Ministerio del Interior Nº 29.382.- Santiago, 28 de Julio de 1980.

La Contraloría General ha dado curso al documento del rubro, que aprueba el reglamento para la aplicación de los artículos 23 y siguientes del título IV del decreto ley 3.063, de 1979, en el entendido que lo prescrito en el inciso final del artículo 16, en el sentido de que no se aplicará derecho alguno que grave la transferencia o transmisión de empresas o negocios, no constituye una exención dispuesta por el acto administrativo en trámite -que sólo sería procedente establecerla por ley- sino una confirmación de lo que en tal sentido emana del aludido texto legal, en particular de lo dispuesto en el artículo 30.

Transcríbase al Subdepartamento de Municipalidades.

Dios guarde a US.- Osvaldo Iturriaga Ruíz, Contralor General. Al señor Ministro del Interior Presente.

# DECRETO 1824 29-NOV-1995, MINISTERIO DEL INTERIOR; SUBSECRETARÍA DE DESARROLLO REGIONAL Y ADMINISTRATIVO, REGLAMENTO PARA LA APLICACIÓN DEL ARTÍCULO 38 DEL DECRETO LEY Nº 3.063, DE 1979, MODIFICADO POR EL ARTÍCULO 2º Nº 15, DE LA LEY Nº 19.388

Esta norma ha sido derogada el 02-ENE-2009

**DECRETO 1293 | REGLAMENTO PARA LA APLICACIÓN DEL ARTÍCULO 38 DEL DECRETO LEY Nº 3.063, DE 1979, MODIFICADO POR EL ARTÍCULO 1º DE LA LEY Nº 20.237**

Artículo 16: Derogación

Derógase el Reglamento aprobado por Decreto Supremo Nº 1.824, de 1995 del Ministerio del Interior, publicado en el Diario Oficial de fecha 29 de noviembre de 1995, y las referencias a ese decreto, que se contengan, en cualquier texto legal o reglamentario, se entenderán hechas al presente Reglamento.

**DECRETO 890 | MODIFICA DECRETO Nº 1.824, DE 1995, QUE APRUEBA REGLAMENTO DEL ARTÍCULO 38 DEL DECRETO LEY Nº 3.063, DE 1979**

MINISTERIO DEL INTERIOR; SUBSECRETARÍA DE DESARROLLO REGIONAL Y ADMINISTRATIVO

Fecha Publicación: 27-ENE-2003

Fecha Promulgación: 17-DIC-2002

Tipo Versión: Única

De: 27-ENE-2003

Url Corta: https://bcn.cl/2gitz

MODIFICA DECRETO Nº 1.824, DE 1995, QUE APRUEBA REGLAMENTO DEL ARTÍCULO 38 DEL DECRETO LEY Nº 3.063, DE 1979

Santiago, 17 de diciembre de 2002.- Hoy se decretó lo que sigue:

Núm. 890.- Vistos: Lo dispuesto en el artículo 38 del decreto ley Nº 3.063, de 1979; en el número 6, del inciso segundo, del artículo 14, de la ley Nº 18.695, Orgánica Constitucional de Municipalidades, según modificación introducida por la letra c) del artículo 2º, de la ley Nº 19.816, y las facultades que me confiere el artículo 32 Nº 8 de la Constitución Política de la República,

Decreto:

**Artículo único.-** Modifícase el decreto supremo Nº 1.824, de 1995, del Ministerio del Interior, en el siguiente sentido:

1. En el artículo 3º:

a) En su letra d) sustitúyese la coma y la conjunción "y", por un punto y coma (;).

b) En su letra e) reemplázase el punto final (.) por una coma (,), seguida de la conjunción "y".

c) Agrégase la siguiente letra f), nueva:

"f) El cien por ciento de lo recaudado por multas impuestas por los Juzgados de Policía Local, por infracciones o contravenciones a las normas de tránsito, detectadas por medio de equipos de registro de infracciones.".

2. Agrégase en el inciso segundo de la letra C), del artículo 4º, a continuación del punto final que pasa a ser punto seguido, la siguiente frase: "No obstante, en el evento de que en el último año del respectivo trienio se realice un censo de población, deberán utilizarse estas cifras.".

3.- Agrégase como Artículo 2º transitorio, pasando el actual artículo transitorio a ser Artículo 1º transitorio, el siguiente:

"Artículo 2º transitorio.- Durante los años 2003 y 2004, el cien por ciento de los recursos a que se refiere la letra B.- del artículo 5º de este reglamento, se destinará a atender la emergencia financiera que se produjere como consecuencia de cambios en el coeficiente del 90% del Fondo Común Municipal, lo que se calculará como sigue:

VER DIARIO OFICIAL DE 27.01.2003, PÁGINA 10

De existir un remanente de los recursos a que se refiere este artículo, se distribuirán de conformidad a la normativa permanente establecida en la letra B.- del artículo 5º de este reglamento".

Anótese, tómese razón, publíquese y comuníquese.- RICARDO LAGOS ESCOBAR, Presidente de la República.- José Miguel Insulza Salinas, Ministro del Interior.- Nicolás Eyzaguirre Guzmán, Ministro de Hacienda.

Lo que transcribo a usted para su conocimiento.- Saluda a Ud., Francisco Vidal Salinas, Subsecretario de Desarrollo Regional y Administrativo.

## DECRETO 117 | MODIFICA DECRETO Nº 1.824, DE 1995

MINISTERIO DEL INTERIOR; SUBSECRETARÍA DE DESARROLLO REGIONAL Y ADMINISTRATIVO

Promulgación: 01-FEB-2001

Publicación: 19-ABR-2001

Versión: Única - 19-ABR-2001

MODIFICA DECRETO Nº 1.824, DE 1995

Santiago, 1 de febrero de 2001.- Hoy se decretó lo que sigue:

Núm. 117.- Vistos: Lo dispuesto por el artículo 38 del decreto ley 3.063, de 1979; por el artículo 2º, Nº 8) y 3º transitorio de la ley 19.704, y las facultades que me confiere el artículo 32, Nº 8 de la Constitución Política de la República de Chile.

D e c r e t o:

**Artículo único:** Modifícase el decreto supremo 1.824, de 1995, del Ministerio del Interior, en el siguiente sentido:

1.- En el artículo 3º, efectúense las siguientes modificaciones:

A.- Reemplázase el inciso primero, por el siguiente:

"El Fondo Común Municipal se constituye con los siguientes recursos:

a) Un sesenta por ciento del impuesto territorial, excepto tratándose de las municipalidades de Santiago, Providencia, Las Condes y Vitacura en que su aporte por dicho concepto será de un sesenta y cinco por ciento;

b) Un sesenta y dos coma cinco por ciento del derecho por permiso de circulación de vehículos;

c) Un cincuenta y cinco por ciento de lo que recaude la Municipalidad de Santiago y un sesenta y cinco por ciento de lo que recauden las municipalidades de Providencia, Las Condes y Vitacura de las patentes a que se refieren los artículos 23 y 32 del decreto ley 3.063, de 1979 y el artículo 140 de la ley 17.105;

d) Un cincuenta por ciento del uno coma cinco por ciento sobre el precio de venta en la transferencia de vehículos con permisos de circulación, y

e) El aporte fiscal que conceda para este efecto la Ley de Presupuestos de la Nación.".

B.- Intercálase el siguiente inciso segundo, pasando los actuales segundo, tercero y cuarto a ser tercero, cuarto y quinto, respectivamente:

"El monto de los recursos que por concepto de compensación se asignen a la comuna de Isla de Pascua con cargo al Fondo Común Municipal, en forma previa a su distribución, será de 1,1 veces la suma del gasto en personal y en bienes y servicios de consumo del año anteprecedente al del cálculo del Fondo. Dicho cálculo se efectuará por la Subsecretaría de Desarrollo Regional y Administrativo del Ministerio del Interior, en base al Informe de Ejecución Presupuestaria del año respectivo. Estos recursos serán entregados a la Municipalidad por la Tesorería Regional o Provincial, en doce cuotas iguales y sucesivas, dentro de los primeros quince días del mes siguiente al de la correspondiente recaudación.".

2.- Sustitúyese en el artículo 4º, letra E, su inciso segundo por el siguiente:

"Son ingresos propios permanentes para estos efectos los siguientes: renta de inversiones;

el excedente del impuesto territorial que se recaude en la comuna, una vez descontado el aporte al Fondo Común Municipal; el treinta y siete coma cinco por ciento de lo recaudado por permisos de circulación; patentes municipales a beneficio directo, derechos de aseo; derechos varios y multas e intereses.".

3.- Modifícase el artículo 5º, letra A, en lo siguiente:

A.- Sustitúyese su inciso segundo por el siguiente:

"Se considerará que existe eficiencia en la gestión municipal, cuando al menos se destine una menor proporción del gasto operativo para realizar las funciones a ella asignadas, en relación con los ingresos propios de los años precedentes y se esté al día en los pagos por concepto de cotizaciones o imposiciones previsionales de los funcionarios municipales y de los trabajadores que se desempeñen en los servicios incorporados a la gestión municipal.".

B.- Reemplázase en sus números 2 y 5, el porcentaje "quince por ciento" por "diez por ciento".

C.- Incorpórase a su inciso segundo el siguiente nuevo número 7.-:

"7.- Un diez por ciento, en partes iguales, para las comunas cuyos municipios se encuentren al día en el pago de cotizaciones o imposiciones previsionales de los funcionarios municipales y de los trabajadores que se desempeñan en los servicios incorporados a la gestión municipal, la información sobre la existencia de deuda previsional deberá ser proporcionada por la Subsecretaría de Previsión Social, del Ministerio del Trabajo y Previsión Social, en el mes de septiembre del año de cálculo del coeficiente de participación en el Fondo Común Municipal.".

4.- Incorpórase el artículo transitorio siguiente:

"Artículo transitorio.- Los recursos que deben ser entregados en compensación, por aplicación del mecanismo de estabilización financiera a que se refiere el artículo 3° transitorio de la ley N° 19.704, serán calculados por la Subsecretaría de Desarrollo Regional y Administrativo del Ministerio del Interior y, con aquella información, la Tesorería Regional o Provincial traspasará los fondos respectivos, en cuatro cuotas iguales, dentro del respectivo año de distribución del Fondo Común Municipal, a contar del mes de febrero.".

Anótese, tómese razón, comuníquese y publíquese.- RICARDO LAGOS ESCOBAR, Presidente de la República.- Jorge Burgos Varela, Ministro del Interior (S).- Nicolás Eyzaguirre Guzmán, Ministro de Hacienda.

Lo que transcribo a usted para su conocimiento.- Saluda a Ud., Francisco Vidal Salinas, Subsecretario de Desarrollo Regional y Administrativo.

# DECRETO 69 | APRUEBA REGLAMENTO QUE CONTIENE LAS CONDICIONES GENERALES PARA LA FIJACIÓN DE LA TARIFA DE ASEO QUE LAS MUNICIPALIDADES COBRARÁN POR EL SERVICIO DE EXTRACCIÓN USUAL Y ORDINARIA DE RESIDUOS SÓLIDOS DOMICILIARIOS

MINISTERIO DE ECONOMÍA; FOMENTO Y RECONSTRUCCIÓN;
SUBSECRETARIA DE ECONOMÍA; FOMENTO Y RECONSTRUCCIÓN

Fecha Publicación: 22-MAY-2006 | Fecha Promulgación: 14-FEB-2006

Tipo Versión: Última

Versión De: 24-JUL-2007

Ultima Modificación: 24-JUL-2007 Decreto 158

Url Corta: https://bcn.cl/2fhlt

Núm. 69.- Santiago, 14 de febrero de 2006.- Vistos: Lo dispuesto en el artículo 32, N° 6 de la Constitución Política de la República de Chile; los artículos 6° al 9° del Decreto Ley N° 3.063, de 1979, modificados por las Leyes N°s. 19.704 y 20.033; la consulta efectuada a la Asociación Chilena de Municipalidades, mediante el Ord. N° 1925, de 2001, del Subsecretario de Economía, Fomento y Reconstrucción, evacuada mediante la comunicación de fecha 26 de junio del año 2001; el Ord. N° 63 de 17 de abril de 2002 del Ministro del Interior (S); los Ords. N° 3479, de 30 de julio de 2004, y N° 5245, de 24 de Noviembre de 2004, ambos de la Subsecretaría de Desarrollo Regional y Administrativo; y, la Resolución N° 520, de 1996, de la Contraloría General de la República.

Decreto:

Apruébase el siguiente Reglamento que contiene las condiciones generales para la fijación de la tarifa de aseo que las Municipalidades cobrarán por el servicio de extracción usual y ordinaria de residuos sólidos domiciliarios:

## TÍTULO I
## DISPOSICIONES GENERALES

**Artículo 1°:** El servicio de extracción usual y ordinaria de residuos sólidos domiciliarios, en adelante "el servicio", comprende la recolección, transporte, y disposición intermedia o final de residuos sólidos domiciliarios, en adelante "los residuos", que no sobrepasen un volumen diario promedio por usuario de sesenta litros.

**Artículo 2°:** Las condiciones del proceso de cálculo y recálculo de la tarifa del servicio, en adelante indistintamente "la tarifa", serán generales, objetivas y públicas.

Serán públicos la tarifa y sus antecedentes de cálculo y recálculo, particularmente los referidos al proceso de licitación y los contratos de adjudicación, en caso de encargarse a terceros el servicio, y deberán estar disponibles para su consulta en la oficina Municipal respectiva. Adicionalmente la planilla de cálculo de la tarifa, las bases de licitación del servicio y los contratos de adjudicación de las mismas deberán ser publicadas mediante tecnologías de información y comunicación, cuando se disponga de ellas.

**Artículo 3º:** La tarifa anual, calculada en unidades tributarias mensuales, tendrá una vigencia de tres años y se fijará de acuerdo al siguiente procedimiento:

1) A más tardar el 15 de julio del año anterior a la entrada en vigencia de un nuevo periodo tarifario, las unidades Municipales encargadas del cálculo de la tarifa recolectarán la información que requieran para efectuar su cómputo, las que, a más tardar el quince de agosto del mismo año, deberán tener una primera propuesta de tarifas para su comunicación a los usuarios en los términos que se indican en el numeral siguiente.

DTO 158, ECONOMÍA
Art. 1º a)
D.O. 24.07.2007

2) Los usuarios del servicio podrán presentar observaciones fundadas a la proposición de la tarifa, hasta el quince de septiembre del año anterior a la entrada en vigencia de un nuevo periodo tarifario. Para ello, la Municipalidad deberá comunicar a los usuarios del servicio, mediante aviso en el Diario Oficial o en la página web de la municipalidad respectiva o en un diario regional de entre los tres de mayor circulación de la respectiva comuna, el inicio y duración del plazo para formular sus observaciones a la proposición de la tarifa, y facilitar los antecedentes del cálculo.

DTO 158, ECONOMÍA
Art. 1º b)
D.O. 24.07.2007

3) A más tardar el quince de octubre del año anterior a la entrada en vigencia de un nuevo periodo tarifario, el Alcalde deberá presentar la proposición de la tarifa al Concejo Municipal para su aprobación.

DTO 158, ECONOMÍA
Art. 1º c)
D.O. 24.07.2007

4) A más tardar el 31 de octubre del año anterior a la entrada en vigencia de un nuevo periodo tarifario, se publicará la Ordenanza Municipal que fije la tarifa para el siguiente periodo, la que comenzará a regir desde el primero de enero del año respectivo.

DTO 158, ECONOMÍA
Art. 1º d)
D.O. 24.07.2007

**Artículo 4º:** La tarifa anual se convertirá en pesos al valor de la unidad tributaria mensual correspondiente al 30 de junio del año anterior a su entrada en vigencia.

**Artículo 5º:** El Alcalde, con acuerdo del Concejo Municipal, determinará el número de cuotas en que se dividirá el cobro de la tarifa anual, así como las fechas de vencimiento de las mismas.

## TÍTULO II
## CONDICIONES GENERALES PARA LA FIJACIÓN DE LA TARIFA DE ASEO

**Artículo 6º:** La determinación de la tarifa del servicio comprenderá todos los ítems de costos de las actividades que se realicen a través de las unidades Municipales a las que les sean, directa e indirectamente, imputables las funciones de extracción usual y ordinaria de los residuos. Se excluye expresamente de estas funciones las actividades de:

a) Extracción de residuos sólidos domiciliarios que sobrepasen un volumen de sesenta litros de promedio diario;

b) Limpieza y barrido de calles;

c) Construcción y mantención de jardines; y,

d) Labores de emergencia.

**Artículo 7º:** Para efectos del cálculo de la tarifa, se construirán series de datos históricas de los distintos ítemes de costos imputables al servicio y estadísticas de demanda.

**Artículo 8º:** La imputación de los costos de las unidades Municipales relacionadas con el servicio será proporcional a la cantidad de insumos, horas máquinas u horas del personal destinadas a la provisión de éste. Estas proporciones se estimarán sobre la base de criterios debidamente fundados.

**Artículo 9º:** En base a los datos de los seis últimos años de operación del servicio, anteriores al primero de julio del año del cálculo de la tarifa, se calcularán costos totales anuales, fijos y variables, para cada año de operación. Los costos totales anuales, fijos y variables, se obtendrán sumando respectivamente los ítems anuales de costos fijos y variables señalados a continuación.

Los valores de los costos anuales se expresarán en unidades tributarias mensuales al mes de junio del año que corresponda.

Por año de operación se entenderá el periodo comprendido entre el primero de julio y el treinta de junio del año siguiente.

Son costos fijos los siguientes gastos:

a) Gastos de remuneración y beneficios legales del personal Municipal encargado, directa e indirectamente, de la administración del servicio y su fiscalización.

b) Gastos generales de administración tales como:

– Gastos en facturación y cobranza;

– Gastos administrativos en insumos de oficina y servicios básicos, entre otros.

c) Gastos en vehículos destinados a la ejecución de las labores de administración y fiscalización. En el caso que los vehículos sean de propiedad Municipal se incluirán los gastos de combustibles, seguro, patente, mantención y el costo de uso de capital. En caso que los vehículos sean arrendados sólo incluirá el valor de los contratos y los gastos en combustibles.

d) Gastos en inmuebles destinados a la administración y fiscalización del servicio. En el caso que los bienes raíces sean de propiedad Municipal se incluirán los gastos en contribuciones, seguros, mantención, gastos comunes, entre otros, excluyendo el costo de uso de capital. En el caso contrario, se incluirá el gasto en arriendo y gastos comunes, entre otros, directamente asociados al arriendo de la propiedad.

Si el Municipio opta por cobrar una tarifa diferenciada solamente en una parte de la comuna conforme a lo establecido en el artículo 14º, la desagregación de los costos fijos por zona se hará prorrateando los costos fijos totales considerando el número de usuarios en cada zona en particular.

Son costos variables los siguientes gastos:

a) Si se licita totalmente el servicio a empresas privadas, los gastos variables corresponderán a los montos establecidos en los contratos de adjudicación de las licitaciones respectivas.

b) Si se opera en forma directa con equipos y personal Municipal, los gastos variables corresponderán a:

– Gastos de operación y mantención de los vehículos destinados a la prestación del servicio tales como gastos en combustible, seguros, reparaciones y costo de uso de capital;

– Gastos en remuneraciones y beneficios legales del personal encargado de la operación del servicio;

– Gastos de equipamiento del personal tales como uniformes, guantes y herramientas de trabajo, así como gastos de equipamiento de las instalaciones destinadas a la operación del servicio.

– Gastos de mantención y operación de los recintos destinados a la prestación del servicio tales como playas de estacionamiento, estaciones de transferencia y rellenos sanitarios.

c) Si se licita parcialmente el servicio a empresas privadas, los gastos variables corresponderán a la suma de los montos establecidos en los contratos de adjudicación respectivos más los gastos variables de operación directa señalados en la letra b) anterior.

Si el Municipio opta por cobrar una tarifa diferenciada solamente en una parte de la comuna conforme a lo establecido en el artículo 14°, la desagregación de los costos variables por zona se hará prorrateando los costos variables totales considerando la generación de residuos o, en su defecto, el número de usuarios en cada zona en particular.

**Artículo 10°:** El costo de uso de capital correspondiente a un año determinado, comprende el costo alternativo del capital y la depreciación del activo para ese año, y se determinará de acuerdo a la siguiente fórmula:

VER DIARIO OFICIAL DE 22.05.2006, PÁGINA 5.

El valor libro del activo en el año en que se fija la tarifa, corresponde al valor de la factura de compra del activo menos la depreciación acumulada, desde la fecha de compra del mismo hasta la fecha de cálculo de la tarifa.

Para los activos que, al año de cálculo de la tarifa, tengan una antigüedad menor a la vida útil establecida por el Servicio de Impuestos Internos, se considerarán costos de uso de capital solamente hasta completar los años de vida útil fijada por esta Institución. A partir de esta antigüedad, no podrán considerarse costos por este concepto.

Tampoco se considerará costo de uso de capital para donaciones.

La tasa de interés anual corresponderá a la tasa de interés corriente, de un año o más, para operaciones reajustables en moneda nacional superiores al equivalente de 2000 unidades de fomento, informada por la Superintendencia de Bancos e Instituciones Financieras, al 30 de junio del año del cálculo de la tarifa.

**Artículo 11°:** Para los efectos de calcular la tarifa, se proyectarán para los siguientes tres años de operación del cálculo tarifario, los costos fijos totales anuales y los costos variables totales anuales, de acuerdo con las siguientes reglas:

i) La proyección de los costos fijos totales anuales se basará en una tasa de crecimiento anual proyectada que se obtendrá promediando las tasas de crecimiento anual de los últimos seis años de operación anteriores al primero de julio del año del cálculo de la tarifa. Por tasa de crecimiento anual se entenderá la variación porcentual entre dos años sucesivos.

Se eliminarán del cálculo de la tasa de crecimiento anual proyectada las tasas extremas, entendidas como aquéllas que están fuera del rango. Este último estará acotado, en su límite superior, por el promedio de las tasas de crecimiento anual más la desviación estándar, y en su límite inferior, por el promedio de las tasas de crecimiento anual menos la desviación estándar. En caso que se eliminen tasas extremas se deberá recalcular el promedio de las tasas de crecimiento anual, obteniendo de esta forma la tasa de crecimiento anual proyectada definitiva.

La desviación estándar para las cinco tasas de crecimiento anual será definida por la siguiente fórmula:

VER DIARIO OFICIAL DE 22.05.2006, PÁGINA 5.

Esta tasa de crecimiento anual proyectada definitiva se aplicará a los costos fijos totales del año de operación anterior al primero de julio del año del cálculo de la tarifa. De esta forma se obtendrá el valor proyectado de los costos fijos totales del primer año de operación del cálculo tarifario. A este valor se le aplicará nuevamente la tasa de crecimiento proyectada, obteniendo así el valor proyectado de los costos fijos totales para el segundo año de operación del cálculo tarifario, y repitiéndose la operación para el año restante del mismo periodo.

En términos algebraicos, los costos fijos totales para cada año de operación del cálculo tarifario, se expresarán de la siguiente forma:

VER DIARIO OFICIAL DE 22.05.2006, PÁGINA 5.

ii) La proyección de los costos variables totales anuales se realizará distinguiendo los siguientes casos:

a) Si la Municipalidad provee directamente el servicio:

Se proyectarán los costos variables totales anuales para los siguientes tres años de operación del cálculo tarifario, con la misma metodología establecida en

la regla anterior para el cálculo de los costos fijos totales anuales. Esto es, los costos variables totales de cada año de operación del cálculo tarifario, se obtendrán a partir de la siguiente fórmula:

VER DIARIO OFICIAL DE 22.05.2006, PÁGINA 5.

b) Si el servicio es provisto por operadores privados:

Los costos variables totales anuales utilizados para el cálculo de la tarifa corresponderán a los montos estipulados en el contrato correspondiente, para los siguientes tres años de operación del cálculo tarifario. Si el servicio fuera contratado con varios operadores privados, se sumarán los costos variables establecidos en los contratos respectivos.

Si un contrato termina antes de los siguientes tres años de operación del cálculo tarifario, la estimación de los costos variables totales anuales para el periodo restante, se basará en una tasa de crecimiento calculada con los datos de los seis años inmediatamente anteriores al término del contrato entre la Municipalidad y el operador.

c) Si la Municipalidad provee parte del servicio y encarga a operadores privados la ejecución de las demás tareas:

Se aplicará la metodología de cálculo correspondiente a cada caso y los costos variables totales anuales serán equivalentes a la suma de los costos variables totales de cada año de operación, de cada caso.

**Artículo 12º:** A partir de información fundada, la Municipalidad estimará el número de usuarios, incluidos aquellos beneficiados por exenciones y rebajas, así como la generación global de residuos para cada año de operación del cálculo tarifario. En caso que la Municipalidad contrate el servicio con operadores privados, se podrá considerar los mismos datos de número de usuarios y generación global de residuos que contemple la propuesta elegida o el contrato entre la Municipalidad y el tercero.

Si el Municipio opta por cobrar una tarifa diferenciada solamente en una parte de la comuna conforme lo establecido en el artículo 14º, los valores estimados serán el número de usuarios y la generación global de residuos para cada zona en particular.

Artículo 13º: Para el cobro del servicio se aplicará una tarifa plana e independiente de la generación de residuos. Su valor anual será equivalente a la suma de los costos fijos totales anuales y costos variables totales anuales, dividido por el universo total de usuarios para los tres años de operación del cálculo tarifario. En caso de que se cobre una tarifa en dos partes a una zona de la comuna conforme a lo establecido en el artículo siguiente, esta tarifa plana se aplicará solamente a la parte de la comuna no afecta a la tarifa en dos partes.

Matemáticamente se definirá de la siguiente forma:

VER DIARIO OFICIAL DE 22.05.2006, PÁGINA 5.

**Artículo 14º:** Sin perjuicio del artículo anterior, los Municipios podrán cobrar una tarifa diferenciada a los usuarios que participen en programas ambientales de manejo de residuos. En todo caso, para poder aplicar estas tarifas diferenciadas, las Municipalidades deberán identificar, año a año, a los usuarios que participen activamente en estos programas ambientales.

En el caso particular de los programas ambientales de minimización de generación de residuos, los cuales deberán incluir, al menos, planes de información sobre las alternativas existentes de reciclaje, las Municipalidades podrán cobrar una tarifa en dos partes a la totalidad o parte de la comuna. Para aplicar esta tarifa, éstas deberán contar con técnicas de medición de generación de residuos por usuario.

Esta tarifa en dos partes, que varía por usuario en función de su generación de residuos, se compondrá de un cargo fijo anual, igual para todos los usuarios, y de un cargo variable anual que variará para cada usuario en función de su generación anual de residuos. Estos cargos se calcularán de acuerdo a las siguientes reglas:

(i) El cargo fijo anual será la suma de los costos fijos totales de cada año de operación del cálculo tarifario, dividido por el universo total de usuarios para los tres años de operación del cálculo tarifario.

Matemáticamente se definirá de la siguiente forma:

VER DIARIO OFICIAL DE 22.05.2006, PÁGINA 6.

## TÍTULO III
## REBAJAS TARIFARIAS

**Artículo 15º:** Las Municipalidades podrán, a su cargo, rebajar una proporción de la tarifa o eximir del pago de la totalidad de ella, sea individualmente o por unidades territoriales, a los usuarios que en atención a sus condiciones socio-económicas lo ameriten. Los criterios para determinar dichas condiciones socio-económicas se basarán en él o los indicadores socioeconómicos contenidos en la ficha CAS- 2, o el instrumento que la reemplace.

La aplicación de este beneficio requerirá el acuerdo de la mayoría absoluta de los concejales en ejercicio. En todo caso, el alcalde, con acuerdo del concejo, deberá fijar una política comunal para la aplicación de las rebajas determinadas en virtud del presente artículo, la que junto a las tarifas que así se definan serán de carácter público, según lo disponga la ordenanza municipal respectiva.

## TÍTULO IV
## RECÁLCULO DE LA TARIFA

**Artículo 16º:** En los meses de junio o diciembre, la Municipalidad podrá recalcular la tarifa con los valores observados de costos, número de usuarios y generación global de residuos, utilizando, si fuera necesario, las mismas tasas de crecimiento anual proyectadas usadas para el cálculo de la tarifa.

Si la tarifa resultante de este recálculo difiere, en términos reales, en más de un 10% de la tarifa vigente durante dos semestres consecutivos, la tarifa resultante del recálculo sustituirá como vigente a la anterior.

Sin perjuicio de lo anterior, cuando cambios en los contratos o en la calidad del servicio entregado impliquen una diferencia real igual o mayor a un 10% entre la tarifa vigente y la tarifa recalculada, se considerará que esta diferencia es estable y se aplicará la nueva tarifa.

La nueva tarifa regirá a partir del mes inmediatamente posterior al mes del recálculo, no será retroactiva y su vigencia estará limitada por el inicio de un nuevo periodo tarifario.

Cada Municipalidad deberá publicar la Ordenanza Municipal que fija la nueva tarifa a más tardar el mes anterior a la entrada en vigencia de la tarifa recalculada.

En todo caso, la tarifa no podrá ser recalculada más de una vez en un lapso de doce meses, y su recálculo se sujetará a las disposiciones de transparencia y participación ciudadana establecidas en el punto 2) del artículo 3º de este Reglamento, y deberá ser respaldada por los antecedentes de los contratos firmados con los concesionarios correspondientes, cuando corresponda.

## TÍTULO FINAL

**Artículo 17º:** Déjase sin efecto los Decretos Nº 46, del 24 de enero del 2005, y Nº 314, del 5 de diciembre del 2005, ambos del Ministerio de Economía, Fomento y Reconstrucción, sin tramitar.

**PRIMERA DISPOSICIÓN TRANSITORIA.** Para el primer periodo tarifario, y en caso de disponer información desagregada sobre gastos solamente para un número de años inferior a tres, se podrán estimar las tasas de crecimiento anual proyectadas de los costos fijos totales anuales y costos variables totales anuales, definidas en el artículo 11º, basándose en casos de Municipalidades de características similares o en criterios fundamentados propios. Para el segundo periodo tarifario, estas tasas de crecimiento proyectadas se calcularán con la misma fórmula indicada en el artículo 11º, pero con la información histórica acumulada hasta el último año del primer periodo de fijación.

Si para el primer periodo tarifario se dispone de información desagregada para un número inferior a seis pero superior a dos, se calcularán las tasas de crecimiento proyectadas de los costos variables totales y costos fijos totales utilizando la misma fórmula que la señalada en el artículo 11º, pero con los datos disponibles.

En todo caso, la Municipalidad que se acoja a esta disposición transitoria, deberá efectuar un recálculo de las tarifas en los meses de junio y diciembre de los dos primeros años del periodo tarifario, con el objeto de verificar que la tarifa resultante del recálculo no difiere en más de un 10%. En el caso contrario deberá aplicar lo dispuesto en el artículo 16º.

**SEGUNDA DISPOSICIÓN TRANSITORIA.** El primer cálculo de la tarifa se realizará el año 2008.

Anótese, tómese razón y publíquese.- RICARDO LAGOS ESCOBAR, Presidente de la República.- Carlos Alvarez Voullieme, Ministro de Economía, Fomento y Reconstrucción (S).- Francisco Vidal Salinas, Ministro del Interior.- Eduardo Dockendorff Vallejos, Ministro Secretario General de la Presidencia.

Lo que transcribo para su conocimiento.- Saluda atentamente a usted, Claudio Castillo Castillo, Subsecretario de Economía, Fomento y Reconstrucción (S).

# LEY 20851 | REGULA LA REALIZACIÓN DE BINGOS, LOTERÍAS U OTROS SORTEOS SIMILARES, CON FINES DE BENEFICIOS O SOLIDARIDAD

MINISTERIO DEL INTERIOR Y SEGURIDAD PÚBLICA

Promulgación: 24-JUN-2015

Publicación: 27-JUN-2015

Versión: Única - 27-JUN-2015

Materias: Bingos, Rifas, Sorteos, Juegos de azar, Municipios, Organizaciones Comunitarias, Actividades Benéficas

Resumen: La presente ley regula y permite la realización de bingos, rifas y sorteos con fines benéficos de parte de organizaciones vecinales o comunitarias, sin que sean consideras juegos de azar, pero previa comunicación por escrito al municipio de la comuna respectiva

Teniendo presente que el H. Congreso Nacional ha dado su aprobación al proyecto de ley originado en mociones refundidas de las diputadas señoras Jenny Álvarez Milla, Daniella Cicardini Milla, Maya Fernández Allende, María José Hoffmann, Andrea Molina Oliva, Claudia Nogueira Fernández, Paulina Núñez Urrutia, Denise Pascal Allende, Marcela Sabat Fernández y los diputados señores Osvaldo Andrade Lara, Pepe Auth Stewart, Germán Becker Alvear, Cristián Campos Jara, Juan Luis Castro González, Marcelo Chávez Velásquez, Fuad Chahin Valenzuela, Juan Antonio Coloma Álamos, Fidel Espinoza Sandoval, Daniel Farcas Guendelman, Gonzalo Fuenzalida Figueroa, Sergio Gahona Salazar, Gustavo Hasbún Selume, Javier Hernández Hernández, Enrique Jaramillo Becker, Tucapel Jiménez Fuentes, Carlos Abel Jarpa Wevar, José Antonio Kast Rist, Luis Lemus Aracena, Daniel Melo Contreras, Nicolás Monckeberg Díaz, Cristián Monckeberg Bruner, Juan Morano Cornejo, Patricio Melero Abaroa, Sergio Ojeda Uribe, Leopoldo Pérez Lahsen, Jaime Pilowsky Greene, Ricardo Rincón González, Jorge Sabag Villalobos, Gabriel Silber Romo, Marcelo Schilling Rodríguez, Víctor Torres Jeldes, Ignacio Urrutia Bonilla, Germán Verdugo Soto, Patricio Vallespín López, Matías Walker Prieto y Felipe Ward Edwards

Proyecto de ley:

"Artículo único.- Las personas jurídicas sin fines de lucro, como las reguladas en la ley N° 19.418, independientemente de su denominación, aquellas constituidas de acuerdo al Título XXXIII del Libro I del Código Civil, además de los centros de alumnos, centros generales de padres y apoderados de todo el sistema educacional y en todos sus niveles, sindicatos, asociaciones gremiales y organizaciones deportivas, podrán realizar, en el ámbito local, actividades de carácter no habitual tales como bingos, rifas, loterías u otros sorteos similares de bienes muebles.

Las actividades descritas en el inciso anterior sólo podrán realizarse con propósitos solidarios o de beneficencia a favor de terceros, o para el financiamiento de los fines propios de cada institución, debiendo rendir cuenta de sus resultados a los organismos con los cuales estuvieren vinculados. Para estos efectos, las actividades realizadas en los términos antes señalados no serán consideradas juegos de azar de conformidad a la ley N° 19.995, que establece las bases generales para la autorización, funcionamiento y fiscalización de casinos de juego.

La realización de las referidas actividades deberá informarse, por escrito, con a lo menos veinticuatro horas de anticipación, al municipio de la comuna respectiva, a través de su oficina de partes.

Los que organicen, participen o concurran a las actividades señaladas en los incisos precedentes no incurrirán en responsabilidad penal para los efectos de los artículos 277, 278 y 279 del Código Penal.".

Y por cuanto he tenido a bien aprobarlo y sancionarlo; por tanto promúlguese y llévese a efecto como Ley de la República.

Santiago, 24 de junio de 2015.- MICHELLE BACHELET JERIA, Presidenta de la República.- Jorge Burgos Varela, Ministro del Interior y Seguridad Pública.

Lo que transcribo a Ud., para su conocimiento.- Atentamente, Mahmud Aleuy Peña y Lillo, Subsecretario del Interior.

# DECRETO 1293 | REGLAMENTO PARA LA APLICACIÓN DEL ARTÍCULO 38 DEL DECRETO LEY Nº 3.063, DE 1979, MODIFICADO POR EL ARTÍCULO 1º DE LA LEY Nº 20.237: NO VIGENTE

Promulgación: 11-DIC-2007

Publicación: 02-ENE-2009

Versión: Última Versión - 16-ENE-2015

Última modificación: 16-ENE-2015 - Decreto 1684 EXENTO

Santiago, 11 de diciembre de 2007.- Hoy se decretó lo que sigue:

Núm. 1.293.- Vistos: Vistos: Lo dispuesto por el artículo Nº 38 del Decreto Ley Nº 3.063, de 1979, sobre Rentas Municipales, modificado por el artículo 1º, Nº 1) de la Ley Nº 20.237, y las facultades que me confiere el artículo 32, Nº 6 de la Constitución Política de la República de Chile.

Decreto:

Apruébase el siguiente Reglamento para la aplicación del artículo 38 del Decreto Ley Nº 3.063, de 1979, relativo a la operatoria del Fondo Común Municipal:

## CAPÍTULO I
## OBJETO Y DEFINICIONES

**Artículo 1º: Objeto.** El Fondo Común Municipal a que se refiere el artículo 14 de la Ley Nº 18.695, Orgánica Constitucional de Municipalidades, cuyo texto refundido, coordinado y sistematizado está fijado en el Decreto con Fuerza de Ley Nº 1, de 2006, del Ministerio del Interior, se distribuirá según lo establecido en el artículo 38 del Decreto Ley Nº 3.063, de 1979, sobre Rentas Municipales, y su operatoria se sujetará a lo regulado en el presente Reglamento.

**Artículo 2º: Definiciones.** Para efectos de lo dispuesto en este reglamento, se estará a la definición que a continuación se establece para cada uno de los siguientes conceptos:

a) Año del cálculo: Corresponde al año en que se efectúa la estimación de recaudación y distribución de recursos que conforman el Fondo Común Municipal.

b) Año de distribución: Corresponde al año en que se produce la recaudación y distribución de recursos que conforman el Fondo Común Municipal; equivale al año siguiente al del cálculo.

c) Aporte Fiscal Extraordinario: Corresponde a los recursos aportados por el Fisco al Fondo Común Municipal, en forma adicional al monto establecido en el Nº 5 del artículo 14 de la Ley 18.695, Orgánica Constitucional de Municipalidades.

d) Coeficiente de distribución: Factor que permite determinar los recursos que a cada municipalidad le corresponde recibir respecto de la recaudación esperada del Fondo Común Municipal, previo a la aplicación del mecanismo de estabilización.

e) Comuna: Unidad territorial local que se crea por ley, cuya administración reside en una municipalidad.

f) Comunas con Población Flotante: Comunas que en ciertos periodos del año reciben un flujo significativo de población, por razones de turismo, de acuerdo a calificación que anualmente efectúe el Servicio Nacional de Turismo (SERNATUR).

g) Fondo Común Municipal: Mecanismo de redistribución solidaria de recursos financieros entre las municipalidades del país, en adelante "FCM".

h) Indicadores: Guarismos que representan a las variables integrantes del coeficiente de distribución del FCM, de acuerdo a la ponderación que para cada una de ellas establece el artículo 38 de la Ley Sobre Rentas Municipales.

i) Ingresos propios permanentes: Son los ingresos municipales, que se deben estimar para efectos de lo establecido en el Nº 4 del artículo 38 de la Ley de Rentas Municipales, en cuyos montos se consideran los siguientes componentes:

• Rentas de la propiedad municipal: comprende todo ingreso proveniente de arriendos, dividendos, intereses, participación de utilidades y otras entradas de similar naturaleza que se perciban por concepto de capitales invertidos.

• Excedente del impuesto territorial que se recaude en la comuna: es la parte de los ingresos provenientes del impuesto territorial de beneficio directo de las municipalidades, una vez efectuado el aporte al FCM.

• Treinta y siete coma cinco por ciento de lo recaudado por permisos de circulación:
corresponde a los ingresos provenientes de los permisos de circulación de beneficio directo de las municipalidades.

• Ingresos por recaudación de patentes municipales de beneficio directo: son los ingresos provenientes de la recaudación íntegra de las patentes otorgadas por las municipalidades del país, con excepción del 55% de lo que recaude la Municipalidad de Santiago y un 65% de lo que recauden las municipalidades de Providencia, Las Condes y Vitacura.

• Ingresos por recaudación de patentes mineras y acuícolas: Porcentaje de beneficio municipal de los ingresos que se pagan al Fisco, por concepto de estas patentes, establecidos en las leyes 19.143 y 18.892, respectivamente.

• Ingresos por derechos de aseo: son los ingresos producto de la aplicación de la tarifa por el servicio de extracción de residuos sólidos domiciliarios.

• Ingresos por licencias de conducir y similares:
son los ingresos provenientes de los derechos que se cobran por el otorgamiento de licencias de conducir y otros similares.

• Ingresos por derechos varios: Ingresos provenientes de las prestaciones que están obligadas a pagar las personas naturales y jurídicas de derecho público o privado que obtengan de la administración local un permiso, o reciban un servicio de la misma.

• Ingresos por concesiones: Ingresos provenientes de las prestaciones que están obligados a pagar las personas naturales y jurídicas de derecho público o privado que obtengan una concesión de una municipalidad.

• Ingresos por impuesto a las sociedades operadoras de casinos de juegos: Ingresos que le corresponden a las municipalidades del impuesto regulado en los artículos 59 y 60 de la Ley 19.995.

• Ingresos provenientes de multas de beneficio directo y sanciones pecuniarias:

• Ingresos producto de la aplicación de sanciones por infracción a normas de carácter administrativo, reglamentario o legal de beneficio municipal y el pago de intereses por retardo en el pago de derechos, patentes u otros similares.

j) Ley de Rentas Municipales: Decreto Ley Nº 3.063, de 1979, Sobre Rentas Municipales.

k) Mecanismo de Estabilización: Procedimiento destinado a compensar a las municipalidades que, por aplicación de las normas de distribución del FCM, vean reducidos sus ingresos estimados a percibir durante el año de distribución, en relación al año del cálculo, y que permite la compensación total o parcial, de las diferencias que se produzcan.

l) Monto definitivo de participación: Es el monto estimado de recursos que le corresponde recibir a cada municipalidad del FCM, una vez aplicado el coeficiente de distribución y el mecanismo de estabilización, en los casos que resulte procedente.

m) Monto Estimado de Cierre: Recaudación estimada de recursos para el año del cálculo, determinada con la información proporcionada por el Servicio de Tesorerías, de los aportes efectuados a las municipalidades del país por concepto de anticipos y saldos mensuales.

n) Monto Neto estimado a distribuir: Es el monto esperado de recursos del FCM, descontada la compensación que se debe efectuar a la Municipalidad de Isla de Pascua en virtud de lo dispuesto en el artículo 38 de la Ley de Rentas Municipales u otras que legalmente se determinen.

o) Monto Provisorio de participación: Es el monto estimado de recursos que le correspondería recibir a cada municipalidad del FCM, una vez aplicado el coeficiente de distribución, antes de aplicar el mecanismo de estabilización, en los casos que éste resulte procedente.

p) Monto Total estimado de recursos: Es el monto esperado de recursos que conformarán el FCM para el año de su distribución.

q) Municipalidad: Corporación autónoma de Derecho Público, que se crea por ley, con personalidad jurídica y patrimonio propio, que administra una comuna o agrupación de comunas.

r) Población Comunal: Número de habitantes de cada comuna del país, proyectado a partir del último censo realizado por el Instituto Nacional de Estadísticas (INE) o la entidad que legalmente tenga competencias para ello, excluida la comuna Antártica.

s) Porcentaje de Pobreza Comunal: Proporción de personas pobres estimadas de cada comuna, informada por el Ministerio de Planificación sobre la base de la Encuesta de Caracterización Socioeconómica Nacional (CASEN) o por el instrumento que la reemplace, o la estimación efectuada por el referido Ministerio.

t) Predios exentos: Predios no afectos al pago del impuesto territorial, regulado en la Ley Nº 17.235.

u) Predios totales: Todos los predios de una comuna que cuentan con un rol de avalúo otorgado por el Servicio de Impuestos Internos.

v) Reglamento del Fondo Común Municipal: El presente Reglamento.

## CAPÍTULO II
## PROCEDIMIENTO DE DISTRIBUCIÓN DEL FCM

**Artículo 3º: Compensación comuna Isla de Pascua.** Para los efectos de lo señalado en el inciso tercero del artículo 38 de la Ley Sobre Rentas Municipales, el monto de la compensación correspondiente a la Municipalidad de Isla de Pascua será de 2 veces la suma del gasto en personal y en bienes y servicios de consumo del año anteprecedente al del cálculo. El monto que cada año se asigne para la referida Municipalidad se indicará en el Decreto Supremo que anualmente establecerá los coeficientes comunales, conforme a lo determinado por el presente Reglamento.

Decreto 1684 EXENTO, INTERIOR
Art. ÚNICO
D.O. 16.01.2015

Decreto 888, INTERIOR
Art. ÚNICO
D.O. 05.02.2011

**Artículo 4º: Fórmulas de cálculo del FCM.** El cálculo del coeficiente de distribución del FCM se realizará anualmente sobre lo que determinen los siguientes indicadores:

VER DIARIO OFICIAL DE 02.01.2009, PÁGINAS 10 y 11.

**Artículo 5º: Determinación del coeficiente de distribución del FCM.** El coeficiente de participación de cada comuna en el FCM, se define como la suma de todos los indicadores de cálculos en la forma establecida en el artículo anterior.

Se expresa en la siguiente fórmula general:

VER DIARIO OFICIAL DE 02.01.2009, PÁGINA 11.

**Artículo 6º: Monto Provisorio de Participación.** Una vez calculado el coeficiente CFCM para cada comuna en los términos previstos en el artículo anterior, se determinará el monto provisorio de participación comunal en el FCM, aplicando dicho coeficiente al monto estimado neto a distribuir.

## CAPÍTULO III
## MECANISMO DE ESTABILIZACIÓN Y DETERMINACIÓN DEL MONTO DEFINITIVO DE PARTICIPACIÓN EN EL FCM

**Artículo 7º: Mecanismo de Estabilización.** Las municipalidades que por aplicación del cálculo señalado en el artículo anterior, vean reducidos los ingresos del FCM en el año de distribución, en relación a los ingresos estimados a recibir en el año del cálculo, serán compensadas total o parcialmente sobre la base de la disponibilidad de recursos, con cargo al mismo fondo, a través de la aplicación de un mecanismo de estabilización.

Dicho mecanismo se aplicará a través del siguiente procedimiento:

a) En los casos en que el monto total de las reducciones, sea menor que el monto total de los incrementos de las comunas con recursos adicionales el mecanismo de estabilización se aplicará de la siguiente fórmula:

VER DIARIO OFICIAL DE 02.01.2009, PÁGINA 12.

Para las restantes comunas, se asignarán los recursos suficientes hasta igualar los montos para el año del cálculo.

b) En los casos en que el monto total de las reducciones, sea mayor que el monto total de los incrementos, todas las comunas que se se estiman que recibirán montos adicionales, cederán completamente esos mayores recursos estimados.

La determinación del monto que recibe como estabilización cada comuna con menores recursos estimados, se realizará de acuerdo a la siguiente fórmula:

VER DIARIO OFICIAL DE 02.01.2009, PÁGINA 12.

**Artículo 8º: Mecanismo de determinación del monto definitivo de participación en el FCM.** El monto definitivo de participación de cada comuna en el FCM estará determinado según las siguientes condiciones:

a) En el caso que el monto total de reducciones sea menor que el monto total de incrementos de las comunas con recursos adicionales, el monto definitivo de participación será el que se indica a continuación:

i. Para las comunas en que el monto provisorio es mayor que el del año del cálculo, el monto definitivo de participación corresponderá al monto del año del cálculo más el monto de estabilización calculado de acuerdo al artículo 7, letra a).

ii. Para las comunas en que el monto provisorio es menor que el del año del cálculo, el monto definitivo de participación corresponderá al del año del cálculo.

b) En el caso que el monto total de reducciones es mayor que el monto total de los incrementos:

i. Para las comunas en que el monto provisorio es mayor que el del año del cálculo, el monto definitivo de participación corresponderá al monto del año del cálculo.

ii. Para las comunas en que el monto provisorio es menor que el del año del cálculo, el monto definitivo de participación corresponderá al monto provisorio más el monto de estabilización calculado de acuerdo al artículo 7, letra b).

**Artículo 9º: Aporte Fiscal extraordinario.** En caso de autorizarse legalmente aportes extraordinarios del Fisco al FCM, los nuevos recursos se distribuirán de acuerdo al coeficiente de distribución determinado para cada comuna en el año del cálculo.

**Artículo 10: Mecanismo de entrega de recursos.** Los recursos del FCM serán entregados a las municipalidades a través del procedimiento establecido en el Artículo 60 de la Ley de Rentas Municipales.

El Servicio de Tesorerías deberá informar a la Subsecretaría de Desarrollo Regional y Administrativo sobre las fechas y montos efectivos de distribución de todos los recursos provenientes de los distintos componentes que forman parte del FCM, dentro de los primeros cinco días hábiles del mes siguiente a aquel que se efectuó la entrega de los recursos, acompañando los antecedentes que complementen y justifiquen la información proporcionada y que permitan su verificación.

## CAPÍTULO IV
## MECANISMOS DE RECAUDACIÓN

**Artículo 11: Mecanismos de recaudación de recursos.** Los recursos que integran el FCM, en virtud de lo dispuesto en el Artículo 14 de la Ley 18.695, Orgánica Constitucional de Municipalidades, serán recaudados de acuerdo al siguiente mecanismo:

a) Las municipalidades deberán enterar los aportes correspondientes en las oficinas bancarias u otras entidades o lugares autorizados por el Servicio de Tesorerías, a más tardar dentro del quinto día hábil del mes siguiente al de la recaudación respectiva.

b) Sin perjuicio de las responsabilidades que correspondan, las municipalidades que no enteren dichos pagos dentro del plazo señalado en la letra a) anterior, deberán pagarlos exclusivamente en las Tesorerías Regionales o Provinciales del país y demás lugares que determine el Servicio de Tesorerías. Las referidas Tesorerías deberán liquidar los aportes morosos, reajustados de conformidad con la variación que haya experimentado el Índice de Precios al Consumidor entre la fecha de vencimiento y la de pago efectivo, y estarán afectos, además, a un interés de uno y medio por ciento mensual. Este interés se calculará sobre los valores reajustados en la forma señalada precedentemente.

c) El Servicio de Tesorerías deberá informar a la Subsecretaría de Desarrollo Regional y Administrativo, sobre las recaudaciones, dentro de los primeros 5 días hábiles del mes siguiente de recibida la información respectiva.

## CAPÍTULO V
## VARIOS

**Artículo 12: Vigencia de Coeficientes de distribución del FCM.** El decreto supremo que determina los coeficientes de distribución del FCM, los montos de compensación, cuando proceda, y la ponderación para determinar el número de habitantes que corresponda asignar a las comunas que reciban por razones turísticas un flujo significativo de población flotante en ciertos periodos del año, en los términos establecidos en el Art. 4 letra a) del presente Reglamento, deberá ser dictado a través del Ministerio del Interior en el mes de diciembre del año anterior al de su aplicación y deberá contar con la firma del Ministro de Hacienda.

**Artículo 13: Mecanismos de información.** La información que la Subsecretaría de Desarrollo Regional y Administrativo requiera para la elaboración y propuesta al Presidente de la República del decreto supremo a que se refiere el artículo anterior deberá ser proporcionada por los organismos públicos correspondientes, en la forma, plazo y condiciones que a continuación se indican:

a) La estimación de la población comunal para cada año, deberá ser proporcionada por el Instituto Nacional de Estadísticas en el mes de junio de cada año, a diciembre del año anterior al del cálculo.

b) La información de los IPP de las municipalidades se obtendrá de los balances de ejecución presupuestaria al 31 de diciembre del año anterior al del cálculo, que éstas deben informar a la Subsecretaría de Desarrollo Regional y Administrativo hasta el mes de junio del año del cálculo, la cual estará facultada para instruir al Servicio de Tesorerías que se abstenga de efectuar las remesas por anticipos del FCM, respecto de la municipalidad morosa, mientras no entregue esa información y, para verificar en dicho servicio y en cada municipalidad la información recepcionada.

c) El Servicio de Impuestos Internos, en el mes de junio del año de cálculo, debe informar sobre el total de predios con rol de avalúos de cada una de las comunas y los respectivos montos de avalúos de cada comuna, diferenciando entre inmuebles afectos y exentos del impuesto territorial, a diciembre del año anterior al del cálculo.

d) El Servicio de Tesorerías, en el mes de junio de cada año, deberá informar sobre los recursos que ha entregado a las municipalidades por concepto de patentes mineras, patentes acuícolas, impuesto territorial y demás tributos de beneficio local que le ha correspondido recaudar en el año anterior al del cálculo, a diciembre del año anterior al del cálculo.

e) El Servicio Nacional de Turismo, en el mes de junio de cada año, deberá indicar las comunas que, en ciertos periodos del año, reciben un flujo significativo de población flotante por razones de turismo, a diciembre del año anterior al del cálculo.

f) El Ministerio de Planificación deberá informar, en el mes de junio de cada año, el porcentaje de personas pobres estimadas de cada comuna, calculado sobre la base de la Encuesta de Caracterización Socioeconómica Nacional (CASEN), o la estimación que dicho Ministerio efectúe, a diciembre del año anterior al del cálculo

**Artículo 14: Publicidad de la información.** La Subsecretaría de Desarrollo Regional y Administrativo deberá publicar y mantener actualizada en su página web, en forma gratuita y a través de un sistema de libre acceso, los coeficientes de distribución de recursos del FCM, las bases de datos que permitieron su elaboración, los aportes y recursos recibidos por las municipalidades, las deudas pendientes y los convenios celebrados para el reintegro de los aportes adeudados al referido Fondo.

**Artículo 15: Caso de creación, supresión, fusión o división de comunas.** En los casos de creaciones, supresiones, fusiones o divisiones de comunas o de alteración de sus territorios, los coeficientes de distribución que resulten afectados por los aumentos o disminuciones de población, de territorios o por otras razones, en una o más comunas determinadas, regirán a contar del 1° de enero del año inmediatamente siguiente a aquel en que se produjere la modificación antes señalada.

**Artículo 16: Derogación.** Derógase el Reglamento aprobado por Decreto Supremo N° 1.824, de 1995 del Ministerio del Interior, publicado en el Diario Oficial de fecha 29 de noviembre de 1995, y las referencias a ese decreto, que se contengan, en cualquier texto legal o reglamentario, se entenderán hechas al presente Reglamento.

## ARTÍCULOS TRANSITORIOS

**Artículo Primero Transitorio:** Para el cálculo del coeficiente de distribución del FCM que se aplicará en el año 2008, la determinación de la población, en aquellas comunas que reciben un flujo significativo de población flotante por razones turísticas en determinados periodos del año, se estará al siguiente procedimiento:

En primer lugar se efectuará una diferenciación entre comunas turísticas y comunas con turismo social según se establezca a través del decreto supremo en que se fija anualmente el coeficiente de distribución, procediéndose de la siguiente forma:

1.- Se determinará el número de roles existentes en la comuna al 31 de diciembre del año 2006. El Servicio de Impuestos Internos informará a la Subsecretaría de Desarrollo Regional y Administrativo el número de roles existentes.

2.- Para calcular la población flotante en las comunas turísticas se considerará el número de roles multiplicado por cuatro y dividido por tres, en tanto que para determinar la población flotante de las comunas con turismo social se considerará el número de roles multiplicado por ocho y dividido por tres.

3.- A la población estimada por el Instituto Nacional de Estadísticas para el año 2006, se le sumará la cifra determinada de acuerdo al número precedente.

El producto total de la suma dará como resultado la población ponderada que corresponde asignar a cada comuna balneario.

**Artículo Segundo Transitorio:** Para efectos del cálculo del coeficiente de distribución del FCM para el año 2008, se utilizará la información sobre los ingresos propios permanentes contenidas en los balances de ejecución presupuestaria de las municipalidades remitida a la Subsecretaría de Desarrollo Regional y Administrativo del Ministerio del Interior y verificadas por ésta en los términos señalados en el Art. 13 letra b) del presente Reglamento.

Anótese, tómese razón, comuníquese y publíquese.- MICHELLE BACHELET JERIA, Presidenta de la República.- Felipe Harboe Bascuñán, Ministro del Interior (S).- Andrés Velasco Brañes, Ministro de Hacienda.

Lo que transcribo a Ud. para su conocimiento.- Saluda atte. a Ud., Claudia Serrano Madrid, Subsecretaria de Desarrollo Regional y Administrativo.

# DECRETO 11 | APRUEBA REGLAMENTO SOBRE REGISTRO COMUNAL DE PERMISOS DE CIRCULACIÓN Y DEROGA DECRETO Nº 132, DE 1985

MINISTERIO DEL INTERIOR; SUBSECRETARÍA DE DESARROLLO REGIONAL Y ADMINISTRATIVO

Promulgación: 02-ENE-2007

Publicación: 30-ENE-2007

Versión: Última Versión - 11-FEB-2008

Última modificación: 11-FEB-2008 - Decreto 231

Santiago, 2 de enero de 2007 - Hoy se decretó lo que sigue:

Núm. 11.- Vistos: La facultad que me otorga el artículo 32 Nº 6 de la Constitución Política de la República, cuyo texto refundido, coordinado y sistematizado se encuentra contenido en el decreto supremo Nº 100, de 2005, del Ministerio Secretaría General de la Presidencia y lo dispuesto en el inciso primero del artículo 21 del decreto ley Nº 3.063, de 1979, sobre Rentas Municipales, cuyo texto refundido y sistematizado se encuentra contenido en el decreto Nº 2.385, de 1996, del Ministerio del Interior.

Considerando:

1. Que, el inciso primero del artículo 21 del decreto ley Nº 3.063, de 1979, sobre Rentas Municipales, cuyo texto refundido y sistematizado se encuentra contenido en el decreto Nº 2.385, de 1996, del Ministerio del Interior, establece que las municipalidades llevarán un Registro de Permisos de Circulación, el que será reglamentado por decreto del Ministerio del Interior.

2. Que actualmente, dicho reglamento se encuentra contenido en el decreto Nº 132, de 1985, del Ministerio del Interior.

3. Que, se ha hecho necesario actualizar las disposiciones contenidas en dicho reglamento estableciendo una nueva normativa sobre la materia, derogando el referido decreto,

Decreto:

**Artículo 1º.-** En todas las Municipalidades del país existirá un Registro Comunal de Permisos de Circulación, que será el continuador legal del registro creado en virtud del decreto Nº 132, de 1985, del Ministerio del Interior. Estará a cargo de la respectiva unidad de transporte y tránsito público o, en su caso, de los encargados de cumplir sus funciones, y se regirá por las normas del presente reglamento.

**Artículo 2º.-** Los vehículos nuevos que obtengan su primer permiso de circulación, se entenderán inscritos en el Registro Comunal de Permisos de Circulación de la municipalidad en que se pague el impuesto por dicho primer permiso.

**Artículo 3º.-** Los propietarios de vehículos deberán pagar el permiso de circulación, en la municipalidad en cuyo registro se encuentre inscrito el vehículo, o en aquella a la que se solicite el traslado de la inscripción, de conformidad con lo dispuesto en el artículo siguiente.

DTO 231, INTERIOR
Art. único Nº 1
D.O. 11.02.2008

Los vehículos exentos de permisos en virtud del artículo 20 del decreto ley Nº 3.063, de 1979, se inscribirán en el Registro Comunal de la Municipalidad que otorgó el respectivo certificado de exención y el impuesto que grava el primer permiso de circulación se pagará a contar de la fecha del contrato o factura de venta a persona no beneficiada con exención.

**Artículo 4º.-** Los propietarios de vehículos que deseen pagar su permiso de circulación en una municipalidad distinta a la que pertenece el Registro Comunal respectivo, podrán solicitarlo y realizar el pago que corresponda al tipo o clase de vehículo, debiendo acreditar el pago íntegro del permiso del año anterior o pagarlo en el mismo acto. La municipalidad previamente a recibir el pago, inscribirá en su Registro Comunal el vehículo, y lo comunicará a la municipalidad de origen, dentro de los primeros 15 días del mes siguiente de recibida la respectiva solicitud, comunicación que podrá realizarse a través de medios electrónicos.

DTO 231, INTERIOR
Art. único Nº 2
D.O. 11.02.2008

**Artículo 5º.-** En el caso señalado en el artículo anterior, si se adeudare a la municipalidad de origen, en forma íntegra o parcial, uno o más períodos de permisos de circulación, el monto total de lo recaudado por tal concepto, incluidos intereses penales y demás recargos legales, deberá ser depositado por la municipalidad que reciba el pago en una cuenta de fondos de terceros y remitirse a la municipalidad de origen, dentro de los quince primeros días del mes siguiente al de su ingreso, incluyéndose una nómina que indique: nombre y cédula de identidad del contribuyente, placa patente del vehículo y período o períodos adeudados. La remisión de los fondos y de las citadas nóminas podrá realizarse a través de medios electrónicos.

DTO 231, INTERIOR
Art. único Nº 3
D.O. 11.02.2008

**Artículo 6º.-** La municipalidad de origen, al momento de ser informada que el permiso de circulación de un vehículo inscrito en su Registro Comunal fue pagado en otra municipalidad, e inscrito en ésta, procederá a eliminar la inscripción correspondiente de su registro.

DTO 231, INTERIOR
Art. único Nº 4
D.O. 11.02.2008

**Artículo 7º.-** Las inscripciones en los registros comunales de permisos de circulación estarán exentas de todo impuesto o derecho municipal.

**Artículo 8º.-** Las municipalidades sólo estarán autorizadas para publicar avisos informativos en los que se indiquen locales, horarios y fechas de atención así como los requisitos establecidos para efectuar los trámites para el pago del permiso de circulación.

**Artículo 9º.-** Las personas que adquieran vehículos inscritos en el Registro Nacional de Vehículos Motorizados, deberán efectuar el cambio a su nombre en el Registro Comunal de Permisos de Circulación al que están incorporados, dentro del plazo de 30 días contado desde la fecha de la respectiva inscripción en el Registro Nacional.

**Artículo 10.-** Derógase el decreto Nº 132, de 1985, del Ministerio del Interior, a contar de la publicación del presente decreto.

Anótese, tómese razón y publíquese.- MICHELLE BACHELET JERIA, Presidenta de la República.- Belisario Velasco Baraona, Ministro del Interior.

Lo que transcribo a Ud. para su conocimiento.- Saluda Atte. a Ud., Claudia Serrano Madrid, Subsecretaria de Desarrollo Regional y Administrativo.

# MAYORES APORTES 2009 DEL FCM, SEGÚN LA LEY 20326

| Aporte Extraordinario Ley 20.326 Art. 7 año 2009 | | | |
|---|---|---|---|
| Monto $ | 26,000,000,000 | | |
| CÓDIGO COMUNA (al 2009) | COMUNA | COEFICIENTE 100% FONDO COMÚN MUNICIPAL AÑO 2009 | Monto Aporte Extraordinario Año 2009 |
| 05602 | ALGARROBO | 0.00091497454 | 23,789,338 |
| 13502 | ALHUE | 0.00084650389 | 22,009,101 |
| 08314 | ALTO BIOBIO | 0.00131580104 | 34,210,827 |
| 03302 | ALTO DEL CARMEN | 0.00095770168 | 24,900,244 |
| 01107 | ALTO HOSPICIO | 0.00621317633 | 161,542,585 |
| 10202 | ANCUD | 0.00297118312 | 77,250,761 |
| 04103 | ANDACOLLO | 0.00114049144 | 29,652,777 |
| 09201 | ANGOL | 0.00458922817 | 119,319,932 |
| 12202 | ANTARTICA | 0.00072878101 | 18,948,306 |
| 02101 | ANTOFAGASTA | 0.00603188087 | 156,828,903 |
| 08302 | ANTUCO | 0.00101348939 | 26,350,724 |
| 08202 | ARAUCO | 0.00322593322 | 83,874,264 |
| 15101 | ARICA | 0.01043155852 | 271,220,522 |
| 11201 | AYSEN | 0.00193312363 | 50,261,214 |
| 13402 | BUIN | 0.00266590112 | 69,313,429 |
| 08402 | BULNES | 0.00226479217 | 58,884,596 |
| 05402 | CABILDO | 0.00188408784 | 48,986,284 |
| 12201 | CABO DE HORNOS | 0.00084622025 | 22,001,727 |
| 08303 | CABRERO | 0.00218371285 | 56,776,534 |
| 02201 | CALAMA | 0.00377422750 | 98,129,915 |
| 10102 | CALBUCO | 0.00261598382 | 68,015,579 |
| 03102 | CALDERA | 0.00145303205 | 37,778,833 |
| 05502 | CALERA | 0.00364490465 | 94,767,521 |
| 13403 | CALERA DE TANGO | 0.00091864818 | 23,884,853 |
| 05302 | CALLE LARGA | 0.00130636966 | 33,965,611 |
| 15102 | CAMARONES | 0.00088861213 | 23,103,915 |
| 01402 | CAMIÑA | 0.00095373359 | 24,797,073 |
| 04202 | CANELA | 0.00138550918 | 36,023,239 |
| 08203 | CAÑETE | 0.00325129963 | 84,533,790 |
| 09102 | CARAHUE | 0.00332272674 | 86,390,895 |
| 05603 | CARTAGENA | 0.00212244547 | 55,183,582 |
| 05102 | CASABLANCA | 0.00121630864 | 31,624,025 |
| 10201 | CASTRO | 0.00320920821 | 83,439,413 |
| 05702 | CATEMU | 0.00151372051 | 39,356,733 |
| 07201 | CAUQUENES | 0.00403109120 | 104,808,371 |
| 13102 | CERRILLOS | 0.00251538077 | 65,399,900 |
| 13103 | CERRO NAVIA | 0.01167924989 | 303,660,497 |

| Aporte Extraordinario Ley 20.326 Art. 7 año 2009 | | | |
|---|---|---|---|
| **Monto $** | **26,000,000,000** | | |
| **CÓDIGO COMUNA (al 2009)** | **COMUNA** | **COEFICIENTE 100% FONDO COMÚN MUNICIPAL AÑO 2009** | **Monto Aporte Extraordinario Año 2009** |
| 10401 | CHAITEN | 0.00111916689 | 29,098,339 |
| 07202 | CHANCO | 0.00167319373 | 43,503,037 |
| 03201 | CHAÑARAL | 0.00119516298 | 31,074,237 |
| 06302 | CHEPICA | 0.00166313690 | 43,241,559 |
| 08103 | CHIGUAYANTE | 0.00689779765 | 179,342,739 |
| 11401 | CHILE CHICO | 0.00087580488 | 22,770,927 |
| 08401 | CHILLAN | 0.00893916058 | 232,418,175 |
| 08406 | CHILLAN VIEJO | 0.00231993949 | 60,318,427 |
| 06303 | CHIMBARONGO | 0.00249125124 | 64,772,532 |
| 09121 | CHOLCHOL | 0.00199959492 | 51,989,468 |
| 10203 | CHONCHI | 0.00154574991 | 40,189,498 |
| 11202 | CISNES | 0.00110272394 | 28,670,822 |
| 08403 | COBQUECURA | 0.00134408616 | 34,946,240 |
| 10103 | COCHAMO | 0.00082509604 | 21,452,497 |
| 11301 | COCHRANE | 0.00087449617 | 22,736,900 |
| 06102 | CODEGUA | 0.00122390293 | 31,821,476 |
| 08404 | COELEMU | 0.00202700992 | 52,702,258 |
| 08405 | COIHUECO | 0.00283958270 | 73,829,150 |
| 06103 | COINCO | 0.00112919392 | 29,359,042 |
| 07402 | COLBUN | 0.00187456254 | 48,738,626 |
| 01403 | COLCHANE | 0.00084161085 | 21,881,882 |
| 13301 | COLINA | 0.00303964186 | 79,030,688 |
| 09202 | COLLIPULLI | 0.00236428103 | 61,471,307 |
| 06104 | COLTAUCO | 0.00201933408 | 52,502,686 |
| 04302 | COMBARBALA | 0.00198130057 | 51,513,815 |
| 08101 | CONCEPCION | 0.00378642922 | 98,447,160 |
| 13104 | CONCHALI | 0.00563387507 | 146,480,752 |
| 05103 | CONCON | 0.00119450007 | 31,057,002 |
| 07102 | CONSTITUCION | 0.00409246177 | 106,404,006 |
| 08204 | CONTULMO | 0.00131891858 | 34,291,883 |
| 03101 | COPIAPO | 0.00696923325 | 181,200,065 |
| 04102 | COQUIMBO | 0.00963185622 | 250,428,262 |
| 08102 | CORONEL | 0.00728752857 | 189,475,743 |
| 14102 | CORRAL | 0.00112641488 | 29,286,787 |
| 11101 | COYHAIQUE | 0.00334008391 | 86,842,182 |
| 09103 | CUNCO | 0.00224643631 | 58,407,344 |
| 09203 | CURACAUTIN | 0.00232670253 | 60,494,266 |
| 13503 | CURACAVI | 0.00208548995 | 54,222,739 |
| 10204 | CURACO DE VELEZ | 0.00105182582 | 27,347,471 |

| Aporte Extraordinario Ley 20.326 Art. 7 año 2009 | | | |
|---|---|---|---|
| Monto $ | 26,000,000,000 | | |
| CÓDIGO COMUNA (al 2009) | COMUNA | COEFICIENTE 100% FONDO COMÚN MUNICIPAL AÑO 2009 | Monto Aporte Extraordinario Año 2009 |
| 08205 | CURANILAHUE | 0.00300305443 | 78,079,415 |
| 09104 | CURARREHUE | 0.00131662518 | 34,232,255 |
| 07103 | CUREPTO | 0.00188616590 | 49,040,313 |
| 07301 | CURICO | 0.00685870081 | 178,326,221 |
| 10205 | DALCAHUE | 0.00146911636 | 38,197,025 |
| 03202 | DIEGO DE ALMAGRO | 0.00103133850 | 26,814,801 |
| 06105 | DOÑIHUE | 0.00189449302 | 49,256,819 |
| 13105 | EL BOSQUE | 0.01325247107 | 344,564,248 |
| 08407 | EL CARMEN | 0.00187694193 | 48,800,490 |
| 13602 | EL MONTE | 0.00205818962 | 53,512,930 |
| 05604 | EL QUISCO | 0.00122700880 | 31,902,229 |
| 05605 | EL TABO | 0.00116885156 | 30,390,141 |
| 07104 | EMPEDRADO | 0.00120087624 | 31,222,782 |
| 09204 | ERCILLA | 0.00150830742 | 39,215,993 |
| 13106 | ESTACION CENTRAL | 0.00324527467 | 84,377,141 |
| 08104 | FLORIDA | 0.00168695652 | 43,860,870 |
| 09105 | FREIRE | 0.00314208476 | 81,694,204 |
| 03303 | FREIRINA | 0.00092545954 | 24,061,948 |
| 10104 | FRESIA | 0.00149910813 | 38,976,811 |
| 10105 | FRUTILLAR | 0.00143695550 | 37,360,843 |
| 10402 | FUTALEUFU | 0.00082954726 | 21,568,229 |
| 14202 | FUTRONO | 0.00168111007 | 43,708,862 |
| 09106 | GALVARINO | 0.00204000312 | 53,040,081 |
| 15202 | GENERAL LAGOS | 0.00078148412 | 20,318,587 |
| 09107 | GORBEA | 0.00197950173 | 51,467,045 |
| 06106 | GRANEROS | 0.00235228664 | 61,159,453 |
| 11203 | GUAITECAS | 0.00085524538 | 22,236,380 |
| 05503 | HIJUELAS | 0.00151012312 | 39,263,201 |
| 10403 | HUALAIHUE | 0.00123520633 | 32,115,365 |
| 07302 | HUALAÑE | 0.00155190846 | 40,349,620 |
| 08112 | HUALPEN | 0.00439793482 | 114,346,305 |
| 08105 | HUALQUI | 0.00260137229 | 67,635,680 |
| 01404 | HUARA | 0.00113853439 | 29,601,894 |
| 03304 | HUASCO | 0.00103632499 | 26,944,450 |
| 13107 | HUECHURABA | 0.00197160414 | 51,261,708 |
| 04201 | ILLAPEL | 0.00292476041 | 76,043,771 |
| 13108 | INDEPENDENCIA | 0.00190382647 | 49,499,488 |
| 01101 | IQUIQUE | 0.00280778485 | 73,002,406 |
| 13603 | ISLA DE MAIPO | 0.00206019783 | 53,565,144 |

| Aporte Extraordinario Ley 20.326 Art. 7 año 2009 | | | |
|---|---|---|---|
| **Monto $** | **26,000,000,000** | | |
| **CÓDIGO COMUNA (al 2009)** | **COMUNA** | **COEFICIENTE 100% FONDO COMÚN MUNICIPAL AÑO 2009** | **Monto Aporte Extraordinario Año 2009** |
| 05201 | ISLA DE PASCUA | 0.00127204582 | 33,073,191 |
| 05104 | JUAN FERNANDEZ | 0.00077311277 | 20,100,932 |
| 13109 | LA CISTERNA | 0.00169204684 | 43,993,218 |
| 05504 | LA CRUZ | 0.00144180980 | 37,487,055 |
| 06202 | LA ESTRELLA | 0.00084493677 | 21,968,356 |
| 13110 | LA FLORIDA | 0.01893292968 | 492,256,172 |
| 13111 | LA GRANJA | 0.01005318130 | 261,382,714 |
| 04104 | LA HIGUERA | 0.00087009163 | 22,622,382 |
| 05401 | LA LIGUA | 0.00272064749 | 70,736,835 |
| 13112 | LA PINTANA | 0.01721849587 | 447,680,893 |
| 13113 | LA REINA | 0.00119993804 | 31,198,389 |
| 04101 | LA SERENA | 0.00737616683 | 191,780,338 |
| 14201 | LA UNION | 0.00307591657 | 79,973,831 |
| 14203 | LAGO RANCO | 0.00144328270 | 37,525,350 |
| 11102 | LAGO VERDE | 0.00080983990 | 21,055,837 |
| 12102 | LAGUNA BLANCA | 0.00072990499 | 18,977,530 |
| 08304 | LAJA | 0.00235822021 | 61,313,725 |
| 13302 | LAMPA | 0.00202081004 | 52,541,061 |
| 14103 | LANCO | 0.00195777826 | 50,902,235 |
| 06107 | LAS CABRAS | 0.00115265141 | 29,968,937 |
| 13114 | LAS CONDES | 0.00101675583 | 26,435,652 |
| 09108 | LAUTARO | 0.00326188828 | 84,809,095 |
| 08201 | LEBU | 0.00298125187 | 77,512,549 |
| 07303 | LICANTEN | 0.00120435303 | 31,313,179 |
| 05505 | LIMACHE | 0.00274949473 | 71,486,863 |
| 07401 | LINARES | 0.00614325565 | 159,724,647 |
| 06203 | LITUECHE | 0.00091752270 | 23,855,590 |
| 10107 | LLANQUIHUE | 0.00143280083 | 37,252,822 |
| 05703 | LLAY LLAY | 0.00199531758 | 51,878,257 |
| 13115 | LO BARNECHEA | 0.00115526000 | 30,036,760 |
| 13116 | LO ESPEJO | 0.00816917284 | 212,398,494 |
| 13117 | LO PRADO | 0.00722484128 | 187,845,873 |
| 06304 | LOLOL | 0.00115513421 | 30,033,489 |
| 09109 | LONCOCHE | 0.00246716807 | 64,146,370 |
| 07403 | LONGAVI | 0.00278426318 | 72,390,843 |
| 09205 | LONQUIMAY | 0.00181979894 | 47,314,772 |
| 08206 | LOS ALAMOS | 0.00231030240 | 60,067,862 |
| 05301 | LOS ANDES | 0.00399124680 | 103,772,417 |
| 08301 | LOS ANGELES | 0.01131546228 | 294,202,019 |

| Aporte Extraordinario Ley 20.326 Art. 7 año 2009 | | | |
|---|---|---|---|
| Monto $ | 26,000,000,000 | | |
| CÓDIGO COMUNA (al 2009) | COMUNA | COEFICIENTE 100% FONDO COMÚN MUNICIPAL AÑO 2009 | Monto Aporte Extraordinario Año 2009 |
| 14104 | LOS LAGOS | 0.00179366476 | 46,635,284 |
| 10106 | LOS MUERMOS | 0.00176201046 | 45,812,272 |
| 09206 | LOS SAUCES | 0.00138876775 | 36,107,962 |
| 04203 | LOS VILOS | 0.00192554606 | 50,064,198 |
| 08106 | LOTA | 0.00448873485 | 116,707,106 |
| 09207 | LUMACO | 0.00180235197 | 46,861,151 |
| 06108 | MACHALI | 0.00151217351 | 39,316,511 |
| 13118 | MACUL | 0.00288809808 | 75,090,550 |
| 14105 | MAFIL | 0.00117697950 | 30,601,467 |
| 13119 | MAIPU | 0.03516812153 | 914,371,160 |
| 06109 | MALLOA | 0.00129392797 | 33,642,127 |
| 06204 | MARCHIGUE | 0.00111481520 | 28,985,195 |
| 02302 | MARIA ELENA | 0.00075543456 | 19,641,299 |
| 13504 | MARIA PINTO | 0.00113409716 | 29,486,526 |
| 07105 | MAULE | 0.00205990063 | 53,557,416 |
| 10108 | MAULLIN | 0.00177146931 | 46,058,202 |
| 02102 | MEJILLONES | 0.00099932283 | 25,982,394 |
| 09110 | MELIPEUCO | 0.00136295527 | 35,436,837 |
| 13501 | MELIPILLA | 0.00633771422 | 164,780,570 |
| 07304 | MOLINA | 0.00308433406 | 80,192,686 |
| 04303 | MONTE PATRIA | 0.00345597715 | 89,855,406 |
| 06110 | MOSTAZAL | 0.00176791856 | 45,965,883 |
| 08305 | MULCHEN | 0.00252599076 | 65,675,760 |
| 08306 | NACIMIENTO | 0.00207837986 | 54,037,876 |
| 06305 | NANCAGUA | 0.00149620161 | 38,901,242 |
| 12401 | NATALES | 0.00163219196 | 42,436,991 |
| 06205 | NAVIDAD | 0.00129848469 | 33,760,602 |
| 08307 | NEGRETE | 0.00112700478 | 29,302,124 |
| 08408 | NINHUE | 0.00135609883 | 35,258,570 |
| 05506 | NOGALES | 0.00195138160 | 50,735,922 |
| 09111 | NUEVA IMPERIAL | 0.00403154602 | 104,820,197 |
| 08409 | ÑIQUEN | 0.00163137701 | 42,415,802 |
| 13120 | ÑUÑOA | 0.00147398901 | 38,323,714 |
| 11302 | OHIGGINS | 0.00074480593 | 19,364,954 |
| 06111 | OLIVAR | 0.00106061076 | 27,575,880 |
| 02202 | OLLAGUE | 0.00074118760 | 19,270,878 |
| 05507 | OLMUE | 0.00138319681 | 35,963,117 |
| 10301 | OSORNO | 0.00612274961 | 159,191,490 |
| 04301 | OVALLE | 0.00898067015 | 233,497,424 |

| Aporte Extraordinario Ley 20.326 Art. 7 año 2009 | | | |
|---|---|---|---|
| **Monto $** | **26,000,000,000** | | |
| **CÓDIGO COMUNA (al 2009)** | **COMUNA** | **COEFICIENTE 100% FONDO COMÚN MUNICIPAL AÑO 2009** | **Monto Aporte Extraordinario Año 2009** |
| 13604 | PADRE HURTADO | 0.00317655787 | 82,590,505 |
| 09112 | PADRE LAS CASAS | 0.00657304615 | 170,899,200 |
| 04105 | PAIHUANO | 0.00103121093 | 26,811,484 |
| 14107 | PAILLACO | 0.00185183063 | 48,147,596 |
| 13404 | PAINE | 0.00264127965 | 68,673,271 |
| 10404 | PALENA | 0.00081960731 | 21,309,790 |
| 06306 | PALMILLA | 0.00121389633 | 31,561,305 |
| 14108 | PANGUIPULLI | 0.00311321790 | 80,943,665 |
| 05704 | PANQUEHUE | 0.00108184785 | 28,128,044 |
| 05403 | PAPUDO | 0.00083927686 | 21,821,198 |
| 06206 | PAREDONES | 0.00137055735 | 35,634,491 |
| 07404 | PARRAL | 0.00340237392 | 88,461,722 |
| 13121 | PEDRO AGUIRRE CERDA | 0.00629286418 | 163,614,469 |
| 07106 | PELARCO | 0.00091290941 | 23,735,645 |
| 07203 | PELLUHUE | 0.00162481486 | 42,245,186 |
| 08410 | PEMUCO | 0.00106311637 | 27,641,026 |
| 07107 | PENCAHUE | 0.00125427219 | 32,611,077 |
| 08107 | PENCO | 0.00373247562 | 97,044,366 |
| 13605 | PEÑAFLOR | 0.00557596236 | 144,975,021 |
| 13122 | PEÑALOLEN | 0.01086937847 | 282,603,840 |
| 06307 | PERALILLO | 0.00119188372 | 30,988,977 |
| 09113 | PERQUENCO | 0.00132402369 | 34,424,616 |
| 05404 | PETORCA | 0.00139925322 | 36,380,584 |
| 06112 | PEUMO | 0.00142287308 | 36,994,700 |
| 01405 | PICA | 0.00097437960 | 25,333,870 |
| 06113 | PICHIDEGUA | 0.00202632040 | 52,684,330 |
| 06201 | PICHILEMU | 0.00166771061 | 43,360,476 |
| 08411 | PINTO | 0.00123804797 | 32,189,247 |
| 13202 | PIRQUE | 0.00093229894 | 24,239,772 |
| 09114 | PITRUFQUEN | 0.00256070300 | 66,578,278 |
| 06308 | PLACILLA | 0.00119972798 | 31,192,927 |
| 08412 | PORTEZUELO | 0.00132003599 | 34,320,936 |
| 12301 | PORVENIR | 0.00110918257 | 28,838,747 |
| 01401 | POZO ALMONTE | 0.00143074747 | 37,199,434 |
| 12302 | PRIMAVERA | 0.00074634971 | 19,405,092 |
| 13123 | PROVIDENCIA | 0.00092807775 | 24,130,022 |
| 05105 | PUCHUNCAVI | 0.00130584643 | 33,952,007 |
| 09115 | PUCON | 0.00121028472 | 31,467,403 |
| 13124 | PUDAHUEL | 0.01192505985 | 310,051,556 |

| Aporte Extraordinario Ley 20.326 Art. 7 año 2009 | | | |
|---|---|---|---|
| **Monto $** | **26,000,000,000** | | |
| **CÓDIGO COMUNA (al 2009)** | **COMUNA** | **COEFICIENTE 100% FONDO COMÚN MUNICIPAL AÑO 2009** | **Monto Aporte Extraordinario Año 2009** |
| 13201 | PUENTE ALTO | 0.04708580923 | 1,224,231,040 |
| 10101 | PUERTO MONTT | 0.00548241335 | 142,542,747 |
| 10302 | PUERTO OCTAY | 0.00100653214 | 26,169,836 |
| 10109 | PUERTO VARAS | 0.00132770749 | 34,520,395 |
| 06309 | PUMANQUE | 0.00095814556 | 24,911,785 |
| 04304 | PUNITAQUI | 0.00163680012 | 42,556,803 |
| 12101 | PUNTA ARENAS | 0.00348678267 | 90,656,349 |
| 10206 | PUQUELDON | 0.00107141153 | 27,856,700 |
| 09208 | PUREN | 0.00188868387 | 49,105,781 |
| 10303 | PURRANQUE | 0.00188240096 | 48,942,425 |
| 05705 | PUTAENDO | 0.00205707509 | 53,483,952 |
| 15201 | PUTRE | 0.00118000182 | 30,680,047 |
| 10304 | PUYEHUE | 0.00104189712 | 27,089,325 |
| 10207 | QUEILEN | 0.00122289660 | 31,795,312 |
| 10208 | QUELLON | 0.00259270306 | 67,410,280 |
| 10209 | QUEMCHI | 0.00116025453 | 30,166,618 |
| 08308 | QUILACO | 0.00101377001 | 26,358,020 |
| 13125 | QUILICURA | 0.00537762709 | 139,818,304 |
| 08309 | QUILLECO | 0.00156841380 | 40,778,759 |
| 08413 | QUILLON | 0.00231340844 | 60,148,619 |
| 05501 | QUILLOTA | 0.00577557797 | 150,165,027 |
| 05106 | QUILPUE | 0.00818390514 | 212,781,534 |
| 10210 | QUINCHAO | 0.00137796227 | 35,827,019 |
| 06114 | QUINTA DE TILCOCO | 0.00137168766 | 35,663,879 |
| 13126 | QUINTA NORMAL | 0.00278703001 | 72,462,780 |
| 05107 | QUINTERO | 0.00167533109 | 43,558,608 |
| 08414 | QUIRIHUE | 0.00190876430 | 49,627,872 |
| 06101 | RANCAGUA | 0.00760118999 | 197,630,940 |
| 08415 | RANQUIL | 0.00103713217 | 26,965,436 |
| 07305 | RAUCO | 0.00113969573 | 29,632,089 |
| 13127 | RECOLETA | 0.00338067390 | 87,897,521 |
| 09209 | RENAICO | 0.00146936281 | 38,203,433 |
| 13128 | RENCA | 0.00583315226 | 151,661,959 |
| 06115 | RENGO | 0.00362051788 | 94,133,465 |
| 06116 | REQUINOA | 0.00125277443 | 32,572,135 |
| 07405 | RETIRO | 0.00209096295 | 54,365,037 |
| 05303 | RINCONADA | 0.00101529628 | 26,397,703 |
| 14204 | RIO BUENO | 0.00282535644 | 73,459,267 |
| 07108 | RIO CLARO | 0.00140192172 | 36,449,965 |

| Aporte Extraordinario Ley 20.326 Art. 7 año 2009 | | | |
|---|---|---|---|
| **Monto $** | **26,000,000,000** | | |
| **CÓDIGO COMUNA (al 2009)** | **COMUNA** | **COEFICIENTE 100% FONDO COMÚN MUNICIPAL AÑO 2009** | **Monto Aporte Extraordinario Año 2009** |
| 04305 | RIO HURTADO | 0.00112722037 | 29,307,730 |
| 11402 | RIO IBAÑEZ | 0.00096439130 | 25,074,174 |
| 10305 | RIO NEGRO | 0.00149248795 | 38,804,687 |
| 12103 | RIO VERDE | 0.00072609104 | 18,878,367 |
| 07306 | ROMERAL | 0.00096544289 | 25,101,515 |
| 09116 | SAAVEDRA | 0.00226614615 | 58,919,800 |
| 07307 | SAGRADA FAMILIA | 0.00164165374 | 42,682,997 |
| 04204 | SALAMANCA | 0.00197704388 | 51,403,141 |
| 05601 | SAN ANTONIO | 0.00576058801 | 149,775,288 |
| 13401 | SAN BERNARDO | 0.01519308371 | 395,020,176 |
| 08416 | SAN CARLOS | 0.00455498880 | 118,429,709 |
| 07109 | SAN CLEMENTE | 0.00370003668 | 96,200,954 |
| 05304 | SAN ESTEBAN | 0.00170336818 | 44,287,573 |
| 08417 | SAN FABIAN | 0.00106489905 | 27,687,375 |
| 05701 | SAN FELIPE | 0.00480305034 | 124,879,309 |
| 06301 | SAN FERNANDO | 0.00255522036 | 66,435,729 |
| 12104 | SAN GREGORIO | 0.00072990250 | 18,977,465 |
| 08418 | SAN IGNACIO | 0.00231268547 | 60,129,822 |
| 07406 | SAN JAVIER | 0.00400925277 | 104,240,572 |
| 13129 | SAN JOAQUIN | 0.00268090131 | 69,703,434 |
| 14106 | SAN JOSE DE LA MARIQUINA | 0.00189185947 | 49,188,346 |
| 13203 | SAN JOSE DE MAIPO | 0.00095120414 | 24,731,308 |
| 10306 | SAN JUAN DE LA COSTA | 0.00155975213 | 40,553,555 |
| 13130 | SAN MIGUEL | 0.00102611762 | 26,679,058 |
| 08419 | SAN NICOLAS | 0.00146852221 | 38,181,577 |
| 10307 | SAN PABLO | 0.00106730086 | 27,749,822 |
| 13505 | SAN PEDRO | 0.00124906588 | 32,475,713 |
| 02203 | SAN PEDRO DE ATACAMA | 0.00108653020 | 28,249,785 |
| 08108 | SAN PEDRO DE LA PAZ | 0.00347389809 | 90,321,350 |
| 07110 | SAN RAFAEL | 0.00107132822 | 27,854,534 |
| 13131 | SAN RAMON | 0.00716654844 | 186,330,259 |
| 08310 | SAN ROSENDO | 0.00111016044 | 28,864,171 |
| 06117 | SAN VICENTE DE TAGUA TAGUA | 0.00314148014 | 81,678,484 |
| 08311 | SANTA BARBARA | 0.00173538489 | 45,120,007 |
| 06310 | SANTA CRUZ | 0.00269205373 | 69,993,397 |
| 08109 | SANTA JUANA | 0.00197394062 | 51,322,456 |
| 05706 | SANTA MARIA | 0.00168870834 | 43,906,417 |
| 13101 | SANTIAGO | 0.00226966251 | 59,011,225 |
| 05606 | SANTO DOMINGO | 0.00079543682 | 20,681,357 |

| Aporte Extraordinario Ley 20.326 Art. 7 año 2009 | | | |
|---|---|---|---|
| **Monto $** | **26,000,000,000** | | |
| **CÓDIGO COMUNA (al 2009)** | **COMUNA** | **COEFICIENTE 100% FONDO COMÚN MUNICIPAL AÑO 2009** | **Monto Aporte Extraordinario Año 2009** |
| 02103 | SIERRA GORDA | 0.00078616667 | 20,440,333 |
| 13601 | TALAGANTE | 0.00396724133 | 103,148,275 |
| 07101 | TALCA | 0.01141986050 | 296,916,373 |
| 08110 | TALCAHUANO | 0.00613376260 | 159,477,828 |
| 02104 | TALTAL | 0.00109392262 | 28,441,988 |
| 09101 | TEMUCO | 0.01113860459 | 289,603,719 |
| 07308 | TENO | 0.00185795107 | 48,306,728 |
| 09117 | TEODORO SCHMIDT | 0.00236152273 | 61,399,591 |
| 03103 | TIERRA AMARILLA | 0.00103655262 | 26,950,368 |
| 13303 | TILTIL | 0.00105181793 | 27,347,266 |
| 12303 | TIMAUKEL | 0.00073902191 | 19,214,570 |
| 08207 | TIRUA | 0.00173269474 | 45,050,063 |
| 02301 | TOCOPILLA | 0.00150969433 | 39,252,053 |
| 09118 | TOLTEN | 0.00177077887 | 46,040,251 |
| 08111 | TOME | 0.00498455017 | 129,598,304 |
| 12402 | TORRES DEL PAINE | 0.00073089580 | 19,003,291 |
| 11303 | TORTEL | 0.00074564422 | 19,386,750 |
| 09210 | TRAIGUEN | 0.00210909535 | 54,836,479 |
| 08420 | TREHUACO | 0.00129933650 | 33,782,749 |
| 08312 | TUCAPEL | 0.00181264755 | 47,128,836 |
| 14101 | VALDIVIA | 0.00578965237 | 150,530,962 |
| 03301 | VALLENAR | 0.00327360863 | 85,113,824 |
| 05101 | VALPARAISO | 0.00663866587 | 172,605,313 |
| 07309 | VICHUQUEN | 0.00085379713 | 22,198,725 |
| 09211 | VICTORIA | 0.00307646668 | 79,988,134 |
| 04106 | VICUÑA | 0.00243674107 | 63,355,268 |
| 09119 | VILCUN | 0.00266689599 | 69,339,296 |
| 07407 | VILLA ALEGRE | 0.00176686585 | 45,938,512 |
| 05108 | VILLA ALEMANA | 0.00879806728 | 228,749,749 |
| 09120 | VILLARRICA | 0.00351254535 | 91,326,179 |
| 05109 | VIÑA DEL MAR | 0.00543822005 | 141,393,721 |
| 13132 | VITACURA | 0.00087876439 | 22,847,874 |
| 07408 | YERBAS BUENAS | 0.00177450443 | 46,137,115 |
| 08313 | YUMBEL | 0.00271640034 | 70,626,409 |
| 08421 | YUNGAY | 0.00187459990 | 48,739,597 |
| 05405 | ZAPALLAR | 0.00079314854 | 20,621,862 |
| | | | |

# CIRCULAR 60/09, SUBDERE, INFORMA SOBRE MODIFICACIONES AL PROCESO DE EMISIÓN DE PATENTES MUNICIPALES

MIN. INT. (CIR.) Nº 60 /

ANT: Ley Nº 20.280, de fecha 04/07/2008.

MAT: Informa modificaciones proceso de emisión de Patentes Municipales.

SANTIAGO, 26 MAR. 2009

**DE: SUBSECRETARIO DE DESARROLLO REGIONAL Y ADMINISTRATIVO**

**A : SRAS. ALCALDESAS Y SRES. ALCALDES DEL PAIS**

Junto con saludarle, me permito informar a Ud. que con fecha 04/07/2008 fue publicada la Ley Nº 20.280, que modifica disposiciones de varias normas legales, principalmente las referidas a Rentas Municipales (Ley Nº 3.063), con el objeto de simplificar y agilizar los trámites para el proceso de emisión de patentes, tanto a contribuyentes como Municipalidades.

Cabe señalar, que una de las modificaciones más significativas, dice relación con la eliminación de la obligación del contribuyente de concurrir a la municipalidad a realizar el trámite de declaración de capital propio. En efecto, dicha obligación será asumida por el Servicio de Impuestos internos, que a partir de la modificación legal en comento, deberá informar directamente a las corporaciones edilicias, en el mes de mayo, sobre el monto de dicho capital.

Sin perjuicio de lo anterior, aquellos contribuyentes que tengan sucursales, oficinas, establecimientos, locales u otras unidades de gestión, SI deberán concurrir en el mes de mayo a la municipalidad donde se ubica su casa matriz, a objeto de declarar el número total de trabajadores que se desempeñen en éstas.

A mayor abundamiento, señalo a Ud. las principales implicancias de la Ley 20.280 en materia de patentes municipales:

1.- A la luz de lo dispuesto del artículo 24, corresponde al Servicio de Impuestos Internos informar -por medios electrónicos- a las municipalidades la base de contribuyentes de cada comuna, considerando para estos efectos el capital propio declarado, el rol único tributario, y el código de la actividad económica que se trate, durante el mes de mayo de cada año.

A consecuencia de lo anterior, los contribuyentes que no tengan sucursales, oficinas, establecimientos, locales u otras unidades de gestión, NO deben concurrir a la municipalidad a realizar la declaración de capital propio.

El capital propio válido para el cálculo del valor de una patente corresponde al capital propio declarado por cada contribuyente ante el Servicio de Impuestos Internos.

Para definir el valor de la patente cada municipio aplicará la o las tasas determinadas para ese efecto.

2.- De acuerdo al inciso final del artículo 24, en la determinación del capital propio, los contribuyentes que puedan deducir de éste, aquella parte que hubieren invertido en otras sociedades o negocios afectos al pago de patentes, pueden acreditar dicha situación, mediante certificado emitido por la o las municipalidades donde se ubiquen dichos negocios.

3.- Sin perjuicio de lo señalado en el punto primero, resulta importante destacar en base a lo establecido en el artículo 25, que aquellos contribuyentes que tengan sucursales, oficinas, establecimientos, locales u otras unidades de gestión, SI deberán en el mes de mayo, acercarse a la municipalidad donde se encuentre la casa matriz, a declarar el número total de trabajadores que laboren en cada una de éstas.

De acuerdo al artículo 10º del Reglamento de Patentes vigente (Decreto Nº 484 de 1980), y en base a la declaración que se haga del número de trabajadores, la municipalidad receptora de dicha información, debe determinar e informar dentro de los veinte días de cumplido el plazo que obliga a la declaración, tanto a los municipios vinculados como al contribuyente, la proporción del capital propio que corresponda a cada sucursal, establecimiento o unidad de gestión. Lo anterior, con el único objeto de agilizar el envío de información y facilitar el posterior cálculo en la proporción que corresponda a las municipalidades vinculadas.

Cada municipio vinculado a una sucursal, establecimiento o unidad de gestión, aplicará su(s) propia(s) tasa(s) con el objeto de definir el monto de la proporción de la patente que corresponda.

En atención a lo informado, solicito a Ud. considerar las obligaciones, medidas y sugerencias señaladas en la presente circular, las que permitirán una mejor y más eficiente aplicación de la Ley Nº 20.280 en lo relativo a la emisión de patentes municipales.

Con ese mismo propósito, el Servicio de Impuestos Internos ha dispuesto una mesa de ayuda en el fono (02) 395 11 15 para atender consultas respecto a la descarga de información dispuesta por ese servicio. Asimismo, daremos atención a vuestros requerimientos a través del correo electrónico *deptofinanzas.municipales@subdere.gov.cl*.

Finalmente, podrá encontrar formularios referenciales de las principales declaraciones necesarias de este proceso a través de los sitios web de la Asociación Chilena de Municipalidades (*www.munitel.cl*) y de esta Subsecretaría (www.sinim.gov.cl).

Saluda atentamente a Ud.

**MAHMUD ALEUY PEÑA Y LILLO**
**Subsecretario de Desarrollo Regional**
**y Administrativo**

**SGR/VHMN/JGCT/DCC**
**Distribución:**
1.- Sres(as). Alcaldes(as) del país
2.- Sres(as). Directores(as) de Administración y Finanzas
2.- Subsecretaría de Desarrollo Regional y Administrativo
3.- División de Municipalidades
4.- Departamento Finanzas Municipales
5.- Unidades Regionales Subdere
6.- Oficina de Partes

Morandé 115 / Piso 7, 10, 11, 12 / Santiago de Chile / Teléfono (56-2) 636 36 00 / www.subdere.gov.cl

# LEY 20218 | INCORPORA AL DOMINIO MUNICIPAL LOS TERRENOS CEDIDOS PARA EQUIPAMIENTO

MINISTERIO DE VIVIENDA Y URBANISMO

Promulgación: 21-SEP-2007

Publicación: 29-SEP-2007

Versión: Única - 29-SEP-2007

Materias: Municipios, Terrenos Cedidos para Equipamiento, Ley no. 20.218

Resumen:

Incorpora al dominio municipal los terrenos cedidos para equipamiento.

La normativa reemplaza el artículo 135 del Decreto con Fuerza de Ley N° 458, del Ministerio de Vivienda y Urbanismo, de 1976, Ley General de Urbanismo y Construcciones.

La disposición señala que al solicitar la recepción en la Dirección de Obras Municipales se entenderán incorporados al dominio municipal, por ese solo acto, todas las calles, avenidas, áreas verdes y espacios públicos en general, contemplados en el proyecto.

Del mismo modo se hará con los terrenos cedidos para localizar equipamientos, los que, para el solo efecto de mantener la historia de la propiedad raíz, se inscribirán a nombre del municipio respectivo, en el Registro de Propiedad del Conservador de Bienes Raíces, presentando el certificado de recepción definitiva. La Ordenanza General indicará las menciones que deberá incluir el certificado para poder ser inscrito en el mencionado Registro.

Los terrenos que con anterioridad a la publicación de esta ley hubieren sido cedidos para equipamiento, podrán inscribirse a nombre de la municipalidad en el Conservador de Bienes Raíces respectivo.

Teniendo presente que el H. Congreso Nacional ha dado su aprobación al siguiente proyecto de ley, originado en una moción de los Honorables Senadores señores Juan Pablo Letelier Morel, Jaime Naranjo Ortiz y Hosain Sabag Castillo.

Proyecto de ley:

"Artículo único.- Reemplázase el artículo 135 del decreto con fuerza de ley N° 458, del Ministerio de Vivienda y Urbanismo, de 1976, Ley General de Urbanismo y Construcciones, por el siguiente:

"Artículo 135.- Terminados los trabajos a que se refiere el artículo anterior, o las obras de edificación, en su caso, el propietario y el arquitecto solicitarán su recepción al Director de Obras Municipales. Cuando la Dirección de Obras Municipales acuerde la recepción indicada, se considerarán, por este solo hecho, incorporadas:

a) Al dominio nacional de uso público, todas las calles, avenidas, áreas verdes y espacios públicos en general, contemplados como tales en el proyecto, y

b) Al dominio municipal, los terrenos cedidos de conformidad al artículo 70 de esta ley para localizar equipamientos. Para el solo efecto de mantener la historia de la propiedad raíz, dichos terrenos se inscribirán a nombre del municipio respectivo, en el Registro de Propiedad del Conservador de Bienes Raíces, presentando el certificado de recepción definitiva. La Ordenanza General indicará las menciones que deberá incluir el certificado para poder ser inscrito en el mencionado Registro.".

**Artículo transitorio.-** Los terrenos que con anterioridad a la publicación de esta ley hubieren sido cedidos para equipamiento de conformidad al artículo 70 del decreto con fuerza de ley Nº 458, del Ministerio de Vivienda y Urbanismo, de 1976, Ley General de Urbanismo y Construcciones, podrán inscribirse a nombre de la municipalidad en el Conservador de Bienes Raíces respectivo, conforme a lo previsto en la letra b) del artículo 135 de dicho cuerpo legal.".

Y por cuanto he tenido a bien aprobarlo y sancionarlo; por tanto promúlguese y llévese a efecto como Ley de la República.

Santiago, 21 de septiembre de 2007.- MICHELLE BACHELET JERIA, Presidenta de la República.- Patricia Poblete Bennett, Ministra de Vivienda y Urbanismo.- Belisario Velasco Baraona, Ministro del Interior.

Lo que transcribo a Ud. para su conocimiento.- Saluda atentamente a Ud., Paulina Saball Astaburuaga, Subsecretaria de Vivienda y Urbanismo.

# LEY 20121 | MODIFICA LA LEY Nº 19.518, PERMITIENDO QUE LAS MUNICIPALIDADES PUEDAN ACTUAR COMO ORGANISMOS TÉCNICOS DE CAPACITACIÓN

MINISTERIO DEL INTERIOR; SUBSECRETARIA DEL INTERIOR

Promulgación: 31-AGO-2006

Publicación: 04-SEP-2006

Versión: Única - 04-SEP-2006

Materias: Municipios, Organismos Técnicos de Capacitación, Ley no. 20.121

Teniendo presente que el H. Congreso Nacional ha dado su aprobación al siguiente proyecto de ley, originado en una moción de la Diputada señora Claudia Nogueira Fernández y de los Diputados señores Gabriel Ascencio Mansilla, Gonzalo Duarte Leiva, Ramón Farías Ponce, Iván Paredes Fierro, Manuel Rojas Molina, Jorge Sabag Villalobos, Roberto Sepúlveda Hermosilla, Mario Venegas Cárdenas y Germán Verdugo Soto

Proyecto de ley

"Artículo único.- Intercálase en el artículo 12 de la ley Nº 19.518, entre las frases "Mi nisterio de Educación," y "registrados para estos efectos", la expresión "las municipalidades" seguida de una coma (,).

**Artículo transitorio.-** Las municipalidades que, a la fecha de vigencia de la presente ley, se encuentren inscritas en el Registro Nacional contemplado en el artículo 19 de la ley Nº 19.518, dispondrán de un plazo de 24 meses para ajustarse a los requisitos contemplados en el numeral 2º del artículo 21 de la mencionada ley. Cumplido ese plazo, a los municipios que no se hayan ajustado a las exigencias antes indicadas, se les cancelará automáticamente su inscripción en el Registro Nacional.".

Y por cuanto he tenido a bien aprobarlo y sancionarlo; por tanto promúlguese y llévese a efecto como Ley de la República.

Santiago, 31 de agosto de 2006.- MICHELLE BACHELET JERIA, Presidenta de la República.- Belisario Velasco Baraona, Ministro del Interior.- Osvaldo Andrade Lara, Ministro del Trabajo y Previsión Social.

Lo que transcribo a Ud. para su conocimiento.- Saluda Atte. a Ud., Felipe Harboe Bascuñán, Subsecretario del Interior.

# ÍNDICE DE VOCES

## R



## S



## T



## U